Y 102f

LETTRE
SUR
LE MECHANISME
DE
L'OPERA ITALIEN.

Ni Guelfe, ni Gibelin ;
Ni Wigh, ni Thoris.

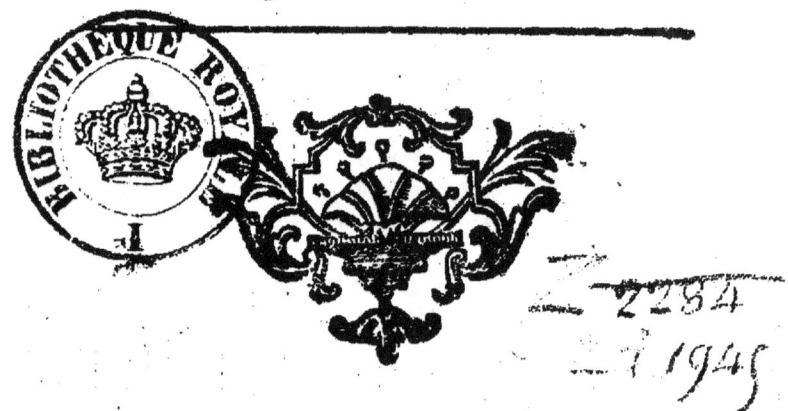

A NAPLES;

Et se vend à Paris,

Chez {
DUCHESNE , Libraire , rue Saint
Jacques , au Temple du Goût.
LAMBERT , rue de la Comédie
Françoise.

M. DCCLVI.

PRÉFACE

DE L'ÉDITEUR.

J'ai cru faire plaisir au Public en lui livrant ce petit Ouvrage, fruit des loisirs d'un ami.

Il voyage pour s'instruire & pour s'éclairer : les Édifices le frappent moins par les richesses qu'ils renferment, que par leur forme & leurs proportions : les Bibliotheques, moins par le nombre des volumes que par le choix : les Cours, moins par leur faste que par leur politique : les Peuples, moins par leurs vêtemens que par leurs mœurs : les Statues, moins que les Hommes.

Dans de semblables dispositions, le commerce avec les Étrangers dans leur propre pays est plus utile

pour détruire les préjugés de chaque Climat, que l'étude des meilleurs Livres, la Philosophie la plus
saine, & les réflexions les plus pro-
fondes, qui ne servent le plus souvent qu'à nous égarer plus métho-
diquement, à nourrir nos erreurs,
& nous y attacher avec plus d'opi-
niâtreté.

Ce n'est que hors de chez soi
qu'on apprend à bien connoître son
propre pays. Avec un esprit doci-
le en garde contre la prévention,
une curiosité modérée, un jugement réfléchi, enfin un scepticis-
me raisonné, tout Etre pensant est
excité, hors de chez soi, à sentir ses
ridicules, reconnoître ses préjugés,
&, qui plus est, à s'en corriger;
ce que tant de sages loix, tant de
maximes de morale & de politique
ont toujours entrepris sans succès.

Ce préambule paroîtra peut-être
sérieux pour être celui d'un Opus-
cule sur la Musique, Art aussi fri-

vole pour ceux qui le négligent, qu'important pour ses Amateurs.

Qu'il me soit permis de dire en passant aux premiers, que cet Art, qui n'est pour quelques esprits légers & superficiels qu'un sujet d'amusement, étoit un des objets de la législation chez les Anciens dans les siécles les plus éclairés.

Si l'on juge de leur Musique par les effets surprenans qu'on nous en raconte, par les soins des Magistrats pour en entretenir le goût, la partie qu'elle faisoit de l'éducation, & l'estime qu'on faisoit de ceux qui y excelloient, elle devoit être bien supérieure à la meilleure Musique moderne : malheureusement il ne nous reste rien qui puisse éclaircir nos doutes sur cette matiere.

Parmi ceux qui liront ce petit Ouvrage, la plus grande partie se contentera peut-être d'avoir passé une heure sans s'ennuyer. Les uns y trouveront trop de détails, les autres trop peu ; quelques froids critiques fe plaindront qu'on n'ait pas noté les citations ; les factieux en Mufique trouveront que l'Auteur dit trop, ou qu'il ne dit pas affez, chacun relativement à fes idées ou à fes préventions ; au moyen de quoi il n'aura contenté entièrement perfonne, fi ce n'eft les Lecteurs impartiaux qui ne reconnoîtront dans fes réflexions que le vœu d'un Citoyen.

Dans le nombre de ceux qui voyent avec douleur la décadence de l'Opéra de Paris, les uns défirent l'établiffement d'un Opéra Italien, & ils ne fçavent pas ce qu'ils foùhaitent ; les autres craignent le même établiffement, & ils auroient bien de la peine à dire pourquoi. C'eft que ni les uns ni les autres n'ont une connoiffance exacte de ce qui fait l'objet de leur crainte ou de leur defir.

Les partifans de la Mufique Italienne ont quelque raifon de foupirer pour ce qu'ils croyent leur devoir procurer du plaifir. Ceux qui tiennent encore pour la Mufique Françoife, affectés malgré eux d'un goût qu'ils n'ofent fe développer, nourriffent un fentiment d'habitude, en analyfant un plaifir qui ne doit être que fenti.

Les uns & les autres redoutent également le facrifice d'une langue qui leur eft familiere, pour en adopter une qui leur feroit étrangere.

L'Opéra François dans fa forme actuelle, malgré les efforts qu'on fait pour l'étayer, doit néceffairement tomber.

L'Opéra Italien, tel qu'il exifte en Italie, ne pourroit fe foutenir en France.

Quel parti prendre ! Il faudra donc fe paffer d'Opéra.

Non. Que celui qui voudra fçavoir à quoi il doit s'arrêter, s'inf-

truife d'abord avec l'Auteur de ce
petit Ouvrage , & il apprendra ,
fans doute avec furprife , que les
Etrangers s'ennuyent à l'Opéra de
Naples comme à celui de Paris : à
l'un, parce qu'il ne contente que les
yeux , à l'autre parce qu'il ne charme que l'oreille.

L'Opéra de Paris ne leur offre
que des Décorations , des Ballets,
des Machines, une brillante affem-
blée & un grand filence. Celui de
Naples ne leur préfente que de la
Mufique raviffante, des beautés in-
vifibles , & un tumulte affreux.

Tous fentent parfaitement que
des deux on en pourroit faire un
bon , mais perfonne jufqu'ici n'a
penfé à le propofer.

Si le projet peut s'exécuter, ce
n'eft que par le parallele de ces
deux Opéra , & l'analyfe des parties qui les compofent , qu'on peut
tirer des conféquences juftes , &
parvenir à la conftruction d'un Opé-

ra, qui ne fera ni François ni Italien, mais un composé de l'un &
de l'autre, purgé des défauts de
tous les deux, dont le réfultat fera
un Opera national.

Le tems m'apprendra fi c'eſt à
propos que je rapporte ici une anec-
dote que j'ai trouvée dans un vieux
manuſcrit Africain compofé en langue Arabe, la plus abondante &
la plus expreſſive de toutes celles
qui fubfiſtent, & dont je fais mes
délices.

* Au Royaume de Mujaco, païs
fertile, arrofé parles écoulemens du
Lac Ximenche, qui communique
avec le Niger, & peu éloigné de
Maitagazi où ce fleuve prend ſa
fource, vivoit un peuple renommé, objet de l'eſtime & de la jalouſie de tous fes voifins, heureux
par la fageſſe de fes loix, la dou-

---

* Ce pays eſt fitué entre le 50e. & 60e. degré de latitude, & le 7e. & le 12e. degré de
longitude, au centre de l'Afrique.

ceur de fon gouvernement , fon
amour pour fes Souverains & fon
goût pour les Arts.

Il avoit éprouvé diverfes révo-
lutions ; il n'avoit été d'abord que
guerrier , ce qui fuppofe bien des
fiécles d'une profonde ignorance ,
il devint Sçavant , enfuite bon efprit , puis bel efprit , enfin Philofophe.

Sa Philofophie devoit être d'autant plus durable , que n'admet-
tant tout fyftême que comme hy-
pothèfe , elle avoit l'utilité pour
bouffole , pour flambeau , l'expérience , & ne fe rendoit qu'à la dé-
monftration.

Une ancienne fuperftition avoit
fait négliger dans cet heureux Empire , cette partie de l'Agriculture
qui procure aux humains des fruits
délicieux ; leur terre n'en produi-
foit que de doucereux , dont le
cœur fans ceffe affadi commençoit
à engendrer la phthifie , tandis que

les habitans du Royaume de Me-
dra leurs voifins, en avoient d'excellens qu'ils cultivoient avec foin,
& dont tous les Etrangers fe pour-
voyoient.

Les Mujaciens n'ignoroient pas
cet avantage ; mais une vanité mal
entendue, ou une terreur panique
que ces fruits favoureux dans un
autre climat ne fe corrompiffent
dans le leur, les retint long-tems
dans une foiblesse qui alloit chemi-
nant à l'anéantiffement, lorfqu'un
Philofophe touché de leur état &
plein d'un zèle ardent pour la patrie, vint brufquement leur dire :
« Qu'ils n'avoient point de fruits,
» qu'aucun arbre fruitier n'exiftoit
» chez eux, qu'ils ne fe nourrif-
» foient que de vapeurs, & qu'ils
» ne devoient efpérer de recouvrer
» la fanté qu'en rafant leurs forêts,
» en brûlant jufques à la racine
» leurs arbres, & en y plantant de
» ceux de leurs voifins ». Peu s'en

fallut qu'il ne leur imposât jufques à la néceſſité d'y tranſporter auſſi la terre qui leur ſervoit de matrice, l'air, &c.

Révoltés de ce paradoxe, les Mujaciens furent ſourds à une vérité qui leur fut annoncée avec tant de rudeſſe. Ils aſſemblerent le Sénat : mais comme il n'étoit compoſé que de vieillards vénérables, après de longues diſſertations ſur le reſpect dû au goût des Ancêtres, ils conclurent qu'il valoit mieux s'en tenir à une maigreur d'uſage, que de courir après un embonpoint incertain qui devoit leur coûter le ſacrifice entier de leurs idées & de leurs opinions, fondées ſur une coutume que le tems avoit rendue reſpectable.

A ce Philoſophe véhément ſuccéda un Empyrique de naturel doux & inſinuant, qui leur dit : « Gardez- » vous de ſapper vos forêts, vous » avez des arbres dont le fût eſt

» fort bon, les branches feules n'en
» valent rien, effayez de les gref-
» fer, & d'enter fur leurs troncs des
» rameaux de ceux de vos voifins :
» fi les greffes réuffiffent vous aurez
» des arbres & des fruits que vous
» regarderez comme vôtres. Vous
» avez d'habiles Jardiniers, mettez
» en œuvre leurs talens, furmon-
» tez une fauffe délicateffe, & en-
» couragez leur travail, au lieu de
» l'abattre ». Ils crurent l'Empyrique, & s'en trouverent bien.

Ils recueillirent bientôt des fruits
qui leur parurent d'abord âcres &
amers, parce qu'ils étoient habi-
tués à des fucs infipides & exceffi-
vement doucereux. Leur palais
fouffrit quelque tems de ce nouveau genre d'alimens auxquels ils
s'accoutumerent avec d'autant plus
de facilité, qu'ils fentirent renaître
leurs forces & leur vigueur. Les
vieillards, dont le tempérament
étoit ufé, perfifterent conftamment

à préférer les évanouiffemens aux convulfions: mais le refte de la nation, dont la complexion fe fortifioit à vûe d'œil, s'accoutuma fi bien aux nouveaux fruits, qu'elle n'en put plus favourer d'autre.... Il y a ici une lacune, puis quelques mots qui femblent dire que les Medriens vinrent à leur tour prendre chez les Mujaciens des troncs pour avoir aufli des arbres parfaits : mais le tout eft fi effacé , que je n'ofe le donner pour une certitude.

ERRATA.

PAGE 73. *ligne derniere*, miniftere, *lifez* myftere.

78. *ligne* 13. Concerts, *lifez* Concerti.

83. *ligne* 8. *effacez*, ajoute M. Calzabigi.

86. *dans la note au bas de la page,* Virgile, *lifez* Vigile.

92. *pénultiéme ligne*, mélodie, *lifez* méthode.

LETTRE

SUR

LE MÉCHANISME

DE

L'OPÉRA ITALIEN.

Monsieur,

Une Diſſertation que M. Calzabigi de Cortone doit mettre à la tête d'une nouvelle édition des Œuvres du célèbre Abbé Metaſtaſio, dont j'ai lû un extrait dans le Journal Etranger de Juillet, m'a fait naître l'idée d'interrompre le fil de mes Obſervations Littéraires ſur l'Italie, pour entrer avec vous dans le détail de ce qui concerne l'Opéra Italien ; du goût, du génie, du caractere & des diſpoſitions

de ceux qui le fréquentent ; des talens
des Poëtes , des Compositeurs & des
Acteurs ; enfin de cet Opéra dont j'ose
dire que nous n'avons en France qu'-
une idée fausse , vague & superficiel-
le ; la plûpart de ceux qui en parlent
à Paris , ne l'ayant formée que sur
l'esquisse qu'en ont donnée les Bouffons : idée aussi saine que le seroit celle d'un Suédois qui porteroit un jugement de notre Opéra & de notre
Musique, sur une représentation *des Pé-
lerins de la Mecque* ou *du Monde ren-
versé.*

On a beaucoup écrit pendant quelque tems sur la nature des Musiques
Italienne & Françoise *. La passion

---

* J'aurai si souvent occasion d'employer les
termes de Musique Françoise & Musique Italienne, que je dois prévenir les objections que
quelques esprits délicats pourroient me faire
sur leur véritable signification.

Persuadé qu'il n'y a qu'une Musique , comme il n'y a qu'une Peinture , & qu'on n'est
pas plus fondé à dire Musique Françoise que
Peinture Italienne , je crois qu'on ne peut entendre , par ces différentes dénominations ,
que la maniere dont chacune des deux nations
a traité la Musique.

On dit bien Architecture gothique , & Architecture moderne , quoique celle-ci soit

& le préjugé ont éclaté de part &
d'autre avec l'indécence & l'animofité
que l'enthoufiafme & l'efprit de parti
ont coutume de produire dans les
Etats les plus civilifés.

Les Efprits plus tranquilles aujour-
d'hui femblent avoir figné une efpece
de tréve : ne vous attendez pas que
je cherche à la rompre, en réveillant
la queftion qui a divifé notre capitale,
encore moins que je m'arroge le droit
de la juger. :

Je ne décide point entre Paris & Naples,

C'eft au tems que la gloire en eft
réfervée ; je penfe bien à la vérité
qu'il n'eft pas fort éloigné ce tems,
& que nous touchons à la révolution qui doit mettre à l'uniffon toute l'Europe en Mufique , comme en
Philofophie. Ce prognoftic, qui eut
paffé il y a vingt ans pour un paradoxe, ne paroîtra aujourd'hui qu'une
conféquence naturelle du progrès que
fait infenfiblement la vraie Mufique

plus ancienne que l'autre ; mais l'ufage a pré-
valu pour établir une diftinction néceffaire ;
c'eft dans ce fens que je me fervirai au befoin
des termes de Mufique Françoife, Mufique
Italienne.

fur les oreilles les plus rétives : encore une génération, & vraifemblable-
ment on fe contentera de refpecter la
mémoire de Defcartes & Lulli comme deux génies créateurs, & de con-
fidérer leurs productions comme des
échafauts qui ceffent d'être d'ufage
dès que l'édifice eft élevé.

La fameufe Lettre fur la Mufique
Françoife auroit peut - être fubjugué
autant d'efprits qu'elle en a révoltés,
fi l'Auteur moins Philofophe avoit
cru la vérité fufceptible de ménage-
ment vis-à-vis des préjugés enraci-
nés. Les violens remedes arrachent
des plaintes & des murmures à ceux
qui en éprouvent les effets les plus
falutaires : Hippocrate les prefcrit
dans les maladies invétérées, dont
les palliatifs ne détruifent jamais la
caufe ; la crife paffée, on reconnoît
l'excellence du fpécifique. C'eft fans
doute ce qui arrivera lorfque le premier feu rallenti, la prévention affoi-
blie, & l'oreille infenfiblement ac-
coutumée à la vraie mélodie, l'efprit faifira naturellement, & fans s'en
appercevoir, des principes qu'il eft
refervé aujourd'hui au Muficien Philofophe de comprendre.

Que conclurez-vous, Monfieur, de ce préambule. Que je fuis partifan de la Mufique Italienne. Vous rencontrez peut-être jufte ; au moins deux années de féjour en Italie juftifieroient ma défection. Je fuis parti, il eft vrai avec des préjugés contraires : c'eft le fort de tous ceux qui, n'étant jamais fortis de leur pays, n'ont pour inftrumens dans la recherche de la vérité que des relations qui ne peignent ordinairement qu'un point de la perfpective, ou donnent aux objets des couleurs d'imagination, ils ne peuvent établir leurs principes que fur une théorie qui eft prefque toujours détruite par la pratique. Je n'avois alors que oüi dire ; depuis j'ai vû, & mon jugement s'eft rectifié. Auffi, fi je vais jufqu'à défirer l'établiffement d'un Opéra Italien en France, ce n'eft pas tel qu'il exifte actuellement en Italie ; ce feroit troquer la langueur contre l'ennui ; comme citoyen, je forme uniquement des vœux pour un Opéra National qui, ni François ni Italien, foit un compofé de tous les deux, & puiffe être porté à la perfection dont ce genre de fpectacle eft fufceptible,

en évitant les défauts annexés à la
forme de chacun d'eux. Pour y par-
venir, il faut les connoître : je vais
vous les expoſer avec ma franchiſe ordinaire, moins dans la vûe de vous
inſtruire, que de vous récréer, laiſ-
ſant à ceux qui courent la carriere du
Théâtre Lyrique la liberté d'appré-
cier l'uſage que l'on peut faire de mes
réflexions. Permettez auſſi qu'uſant du
droit de la converſation entre amis,
je m'affranchiſſe de l'ordre didactique
& du ſtyle compaſſé qu'exigent les
Diſſertations Académiques, & laiſſe
courir ma plume, en ſaiſiſſant les faits
& les réflexions tels qu'ils ſe préſen-
teront à mon eſprit. Ce ſera, ſi vous
voulez, un pot-pourri d'obſervations,
de réflexions, de digreſſions, &c.
J'entre en matiere.

Le Poëme de l'Opéra Italien étoit
autrefois compoſé ſur un ſujet de la
Fable, comme aujourd'hui en France, & quoiqu'il ſemble infiniment
plus propre à la Muſique que l'Hiſ-
toire, les Italiens l'abandonnerent peu
de tems après l'établiſſement des Opéra en France, dont le premier fut re-
préſenté en 1669. Ce furent les Vé-

nitiens qui, trente-deux ans auparavant, avoient inventé ce genre de
Spectacle dont les machines étoient,
dit-on, d'un méchanisme étonnant.
Si l'on en croit les Italiens, celles de
l'Opéra de Paris n'approchent pas de
celles qui étoient alors en usage à Venise. Je n'entreprendrai pas de discu-
ter la question : tout est merveilleux
dans la distance des lieux & des tems :
il est certain, suivant les relations,
que ces Spectacles étoient superbes,
& que les Vénitiens faisoient de grandes dépenses pour la pompe & la décoration de leurs Théâtres ; mais étant
journellement détrompé des prodiges
que l'enflûre Italienne m'a vantés avec
emphase, & convaincu que la vanité
grossit facilement l'imagination, je
me crois fondé à rabattre beaucoup
des faits que l'éloignement ne permet
pas de vérifier, & dont on n'a pour
garand que la foi d'une tradition aussi
ignorante que superstitieuse.

Quoi qu'il en soit, il est constant
que l'Opéra de Paris est le seul en Europe qui ait conservé l'usage des machines : il n'en est plus question en
Italie où l'Histoire a chassé la Fable
du Théâtre Lyrique.

Il n'y a plus que la Comédie qui en emploie encore quelques-unes ; mais si misérables, & qui s'exécutent si grosfierement , qu'elles ne méritent pas qu'on en parle.

Le Poëme de l'Opéra Italien n'est donc aujourd'hui qu'une Tragédie en trois Actes sans Prologue , dont le sujet est tiré de l'Histoire Grecque, Romaine ou Asiatique. Les Scènes composées en vers blancs & libres, font le récitatif , plus naturel , si l'on veut, que le nôtre , aride ou choquant pour une oreille Françoise, ennuyeux ou indifférent pour une Italienne , puisque les plus idolâtres de la Musique n'y prêtent aucune attention.

Chaque scêne , ou peu s'en faut, est terminée par des paroles d'un goût lyrique , que nous appellons improprement *Ariettes* , qui méritent à plus juste titre le nom d'*Airs* que les nôtres , qui différent à peine du récitatif.

Cet air que l'Acteur chante accompagné de tous les instrumens de l'Orchestre , est coupé en deux parties inégales : la premiere , la plus travaillée , est celle où le Compositeur déploye tout son art ; la seconde , est une espece de repos pour donner au Chanteur le tems de reprendre haleine : il chante une fois la premiere partie, d'où il passe à la seconde, ensuite il reprend la premiere : nous ferions bien d'adopter cette maxime pour éviter la monotonie d'une double répétition, & jetter dans notre chant plus de variété.

Les Chœurs sont bannis de l'Opéra Italien & relégués dans les Musiques d'Eglise, car on ne peut guères appeller ainsi celui qui termine chaque Piece, qui n'est, à proprement parler, qu'un congé que prennent les Acteurs en Musique, ou une révérence harmonieuse : l'économie est sans doute la cause de leur exclusion au Théâtre.

Les *Trio* y sont extrêmement rares, & c'est dommage, puisque ce sont presque toujours des chef-d'œuvres.

Le *Duo* est plus à la mode, on en inſére un dans la Piece, presque jamais deux, quoique souvent un beau *Duo* soit l'unique cause du succès d'un Opéra.

Il est étonnant que les Italiens ne faſſent pas plus d'uſage d'un Art qu'ils poſſedent à un degré ſi ſupérieur, &

dont nous ignorons les premiers principes. Nos *Duo* font prefque toujours
les propos de deux perfonnes qui parlent en même tems fans s'écouter, &
difent long-tems les mêmes chofes
fans toucher ni émouvoir. Ceux des
Italiens font des dialogues intéreffans,
vifs, ferrés, où les voix ne s'uniffent
que lorfque les différentes manieres
d'exprimer la paffion peuvent fe réu-
nir à la même exclamation, dont l'effet eft d'arracher des larmes & de caufer un frémiffement qui prend fa fource dans le vrai pathétique, & l'unité
de mélodie.

Il vous paroîtra furprenant qu'un
Spectacle fi propre à la fiction ait toujours pour bafe une vérité, c'eft-à-
dire, un fujet d'Hiftoire, & qu'il puiffe
fournir à des airs divertiffans dans tous
les genres de chant, puifque la Tragédie, de fa nature, femble dénuée
de la matiere qui peut les produire ;
mais votre furprife ceffera lorfque vous
fçaurez que les Italiens, plus modérés que nous dans leurs plaifirs, fçavent fe paffer de tous les agrémens
qui peuvent contribuer au fuccès d'un
Opéra, comme les *Duo*, les Chœurs,
les

les Ballets raisonnés, les Fêtes galantes qui naissent de l'action même, les vols, les descentes, les enlevemens, & tout le merveilleux que produisent les enchantemens. Ils ne vont au Théâtre, à proprement parler, que pour tuer le tems, ainsi que vous le verrez par la suite.

Les Italiens substituerent l'Histoire à la Fable pour renfermer l'action dans des bornes plus sensées : seroit-ce un préjugé que de dire qu'ils ont passé le but ? La stérilité de la matiere les jette dans des écarts ridicules, & les ornemens étrangers, dont ils sont forcés de parer la vérité, la rendent souvent révoltante, & j'ose dire, moins vraisemblable que la Métamorphose.

La Musique m'a toujours semblé au Théâtre inséparable de la fiction. Si c'est le langage des Dieux, pourquoi n'y en admettrions-nous pas ? Si ses accens sont enchanteurs, quoi de plus propre à les mettre en œuvre que les effets surnaturels ? Si sa nature est de toucher le cœur, qui peut mieux peindre l'énergie de ses mouvemens, que les sentimens & les passions personifiés ? Quel charme ne produit pas

B

fur les fens du fpectateur l'effrayante
cérémonie d'une évocation ! Quelle
langueur voluptueufe n'impriment pas
dans l'ame des fonges agréables mis
en action ! L'efprit à la vérité traverfe
en un inftant des efpaces immenfes ;
les Elémens font foumis à fes capri-
ces. Eh ! qu'importe de quelle maniere l'art multiplie nos plaifirs, dès que
la chaîne n'en eft point interrompue ?

La conftruction de l'Opéra Italien
eft telle qu'il n'y faut que des yeux &
des oreilles. La vûe & l'ouie font les
feuls fens par lefquels l'ame puiffe y
être affectée ; l'efprit & le cœur y font
dans une parfaite quiétude. Les Airs
font, pour le plus grand nombre, la
partie effentielle de ce Spectacle ; le
Récitatif * n'en eft que l'acceffoire. La
Mufique, la Danfe, les Décorations,
& le concours, font uniquement ce
qui attire les Italiens au Théâtre,
comme vous le verrez.

---

* Sans entrer dans la définition du mot *Récitatif*, je me contenterai de dire que j'entens par ce terme une efpece de chant négli-
gé qui, dans un Poëme Lyrique, fert à exprimer le Dialogue fur un ton plus harmo-
nieux que celui de la fimple Déclamation ;
mais extrêmement diftant de celui de l'Air
chantant.

Pour vous donner une idée du Récitatif Italien, dont les François, les uns par prévention, les autres faute d'entendre la langue, paroissent si offensés, il faut vous dire que la langue Italienne, qui n'a point de rimes féminines, c'est-à-dire, de finales muettes comme la Françoise, exige dans le Récitatif des accens coupés, secs, des coups de gosier, des sons qui aillent par sauts & par bonds, semblables à ceux que rend un clavessin dont on presse les mouvemens en frappant brusquement sur le clavier, sans lui laisser rendre le son entier qu'il donneroit en restant un peu plus sur les touches.

On peut donc dire que ce Récitatif, d'ailleurs très-propre à l'idiome auquel il est joint, n'est ni parler, ni chanter : c'est une articulation composée de tous les deux, qui semble n'exprimer ni la nature du sentiment, ni le caractere des passions, qui en est pourtant susceptible, comme on l'éprouve quelquefois dans ces Monologues travaillés accompagnés de toute la symphonie, qu'on appelle *Recitativo obbligato*, qui enlevent les Spectateurs ; mais dont, par une efpece de fatalité, les Italiens font auffi avares que des *Duo*, malgré le fuccès qui les couronne toujours.

Mais enfin le Récitatif Italien eft-il ce qu'il doit être ? Je le préfume. Eft-il meilleur que le nôtre ? On ne peut fe refufer de le croire. 1°. En ce qu'il eft propre au génie de la langue pour laquelle il eft fait. 2°. En ce que par fa marche concife & ferrée, il exprime naturellement le Dialogue. 3°. Parce que le peu de notes qui le foutien-nent le font contrafter parfaitement avec les Airs. 4°. Enfin, parce qu'il n'eft ni chant ni récit ; quatre pro-priétés inhérentes à la nature de tout Récitatif, & qui ne fe rencontrent point dans le nôtre.

Les gens de goût parmi nous qui n'imaginoient point un milieu entre parler & chanter, ont fouvent défiré qu'on déclamât notre Récitatif ; c'eût été tomber de Scylla en Carybde : la Déclamation peut être tolérable dans le Comique, parce que le contrafte le plus bifarre y a des droits ; mais dans la Tragédie ce feroit un monftre. L'I-talien l'a trouvé ce milieu, qu'il eft à fouhaiter qu'on adopte, autant que la la langue le permettra, qui nous délivre au moins de ces Trils ridicules, & de ces cadences appellées *parfaites*, choquantes pour une oreille délicate qui, contre les régles de notre profodie, forcent les fyllabes muettes de parler : *aima-bleu*, *fenfi-bleu*, *trou-bleu*.

Lorfque le Récitatif Italien eft travaillé, ce qui n'a lieu que dans les fituations pathétiques, il eft intéreffant : quand il eft fimple, foutenu de quelques accords, c'eft une déclamation harmonieufe extrêmement diftante des Airs auxquels elle fert de clair obfcur. En Italie, le Récitatif n'eft pour le vulgaire qu'une liaifon néceffaire à l'action du Poëme, ou un repos dont a befoin l'oreille trop tenduè aux Airs ; ou, fi vous voulez, une bruyere qui ajoute au plaifir de trouver plus loin un bofquet délicieux ; pour un homme de goût, c'eft la partie d'un tout fans laquelle il ne peut y avoir d'enfemble.

La Tragédie qui fe chante eft limitée à un nombre d'Acteurs ; jamais

moins de ſix , jamais plus de ſept *.
Quand le ſujet n'en demanderoit que
cinq , l'Auteur ne peut ſe diſpenſer
d'en employer ſix , ſauf à ajouter un
froid épiſode. Quelque beſoin qu'il
ait auſſi d'un nombre ſupérieur , il faut
qu'il ſe reſtraigne à celui de ſept , pré-
cepte dicté par l'économie , & mieux
obſervé que ceux d'Ariſtote. Il y a de
régle deux femmes & cinq hommes ,
ou femmes traveſties , ce qui revient
au même ; en effet , ſans cet expédient,
il ne ſeroit pas poſſible de fournir au
nombre de Deſſus , qu'il faut dans un
Opéra , puiſque dans ces ſix ou ſept
voix , on n'y ſouffre au plus qu'une
Taille ; & ſi belle qu'elle ſoit, c'eſt toujours la voix qui y brille le moins ,
rapport à la nature de la Muſique Italienne , ſi l'on en excepte cependant
quelques-unes de ces voix rares comme Babbi , Amorevoli , Raaff , &c.
qu'une extrême agilité a rendus célèbres , & qui font communément plus
d'uſage du Fauſſet , que de la voix naturelle. On n'y entend point de Hau-

* Il n'eſt point queſtion ici de la Paſtorale.

tes-contres ; le climat apparemment
n'en produit point. Les Italiens ont
bien la Haute-contre ; mais c'eſt ce
que nous appellons *Bas-deſſus.*

De ces ſept Acteurs, il y en a ordinairement deux bons qu'on appelle
Virtuoſi, un *Caſtrato* & une femme,
deux médiocres, & deux ou trois autres capables de chanter des Airs cou-
lans & faciles, auxquels on prête l'o-
reille quelquefois par forme de délaſ-
ſement.

Il eſt d'un uſage preſque invaria-
ble que l'Acteur quitte la Scêne après
avoir chanté ſon Air, ſi néceſſaire que
ſoit enſuite ſa préſence ; de même qu'il
ne doit gueres partir non plus ſans
avoir chanté : mais ce qui eſt de ſin-
gulier, c'eſt que dans les intervalles
où la Ritournelle reprend, ou que la
ſymphonie joue ſeule au milieu des
Airs, les Acteurs ſe parlent & geſ-
ticulent ſans qu'on puiſſe comprendre
ce qu'ils ſe diſent, ou ce qu'ils ont
beſoin de ſe dire : ce qui eſt de vrai,
c'eſt que (pour m'exprimer en termes ménagés) la converſation eſt
quelquefois très-gaillarde *.

* Il y a une brochure imprimée à Naples,

Il y en a d'affez imbécilles pour prétendre exceller dans ce marmotta-ge extravagant ; le ridicule qu'il pro-duit peut-être toutefois imputé le plus fouvent au Muficien ; les Ritournelles font fi longues, que ces pauvres Ac-teurs, qui n'ont ordinairement pas le fens commun, ne fachant que faire de leur exiftence dans ces intervalles, les rempliffent en chuchetant, & re-muant les levres & les bras fi fottement qu'on ne peut fe le repréfenrer, fi on ne l'a vû *.

qui contient les difcours que fe tiennent les Acteurs dans ces momens où on ne les voit que gefticuler ; ce n'eft qu'un tiffu d'ordures & d'obfcénités ; j'ofe affurer, pour en avoir été plus d'une fois le témoin, que ceci n'eft point une fuppofition.

* Voilà ce qui arrive lorfque la Scêne fe paffe entre deux ou plufieurs interlocuteurs ; mais quand malheureufement ils fe trouvent feuls, leur unique reffource eft dans un tour de promenade cadencée, où leurs yeux, après avoir parcouru en mefure tous les points de la décoration, reviennent fe fixer fur l'Orchef-tre au moment précis où ils doivent repren-dre l'Air.

Quant aux Actrices, le manége de la queue, appellée *Strafcico*, leur fert de contenance dans ces triftes momens ; l'ufage leur en donne de fort grandes, dont la longueur eft propor-tionnée au rang qu'elles tiennent dans la pie-

Reprennent-ils enfin l'Air, il femble alors que les paroles n'entrent pour rien dans la Piece, & qu'il foit uniquement queftion d'y faire briller le Chanteur & le Compofiteur : auffi l'Acteur ne manque jamais, foit qu'il menace, foit qu'il cherche à attendrir ceux avec qui il repréfente, d'oublier l'action théâtrale, en les quittant pour venir fur le bord du Théâtre faire fes roulemens, & fredonner les plus beaux paffages, avec une fecrette complaifance que le Public récompenfe toujours d'applaudiffemens exceffifs. Dans ces momens d'enthoufiafme, l'action dramatique devient nulle ; l'ame, fans s'en appercevoir, paffe comme un éclair du Théâtre au Concert.

Les Airs des deux *Virtuofi* font or-

---

ce. Les Princeffes font diftinguées par un petit Page dont l'emploi confifte à remettre en état cette queue toutes les fois qu'elle fe dérange ; l'étiquette en donne deux aux Souveraines : rien n'eft plus plaifant que le mouvement perpétuel dans lequel font ces petits poliffons pour courir après l'Actrice lorfqu'elle fe tourmente beaucoup ; leur activité les met quelquefois en fueur, leur embarras ou leur maladreffe fait toujours rire ; c'eft affez fouvent une farce qui diftrait fingulierement le Spectateur dans les fituations trop pathétiques.

dinairement des morceaux de grande
& difficile exécution ; c'est-là que
brillent à la fois l'Acteur & le Compositeur ; c'est aussi pour ces Airs seuls
que le public réserve toute son attention. Il y en a dont les paroles, quoique fort courtes, supportent une Musique d'un quart-d'heure ; j'ai vû quatre petits vers qui contenoient à peine
vingt syllabes durer dix-sept minutes,
dont douze étoient employées sur la
seule lettre *A*, voyelle favorite des
Italiens dans leurs *Passaggi*, que nous
appellons *Roulemens* *. Il y en a de sou-
tenus pendant trente & quarante me-
sures, & qui se terminent par une ca-
dence arbitraire, qui est un nouveau
Roulement tel que celui d'un violon à
la fin d'une Sonate, où le Chanteur se
fait admirer plus il les varie, qui dure
tant que l'haleine peut porter, & qui
est ordinairement applaudie, moins
par la singularité & la variété de ses

* Ils ne font usage pour les Roulemens que
de l'*A*, quelquefois de l'*O*, rarement de l'*E*,
& jamais de l'*I* ni de l'*V* ; mais le Ciel nous
préserve de tout Air où le Musicien trouve un
A, il ne finira plus, & malheureusement c'est
ce que le Poëte s'attache à placer par préfé-
rence au sens & à la pensée.

modulations , qu'à proportion de la
durée : c'eſt ce que nous appellons
Point d'orgue.

Comme c'eſt de ces cinq ou ſix
grands Airs chantés par les *Virtuoſi*,
que dépend le ſuccès d'un Opéra ,
c'eſt auſſi dans ces morceaux que le
Compoſiteur déploie tout ſon art, &
l'Acteur tout ſon talent. S'il arrive ,
malgré leurs efforts réunis, qu'un Air
ne prenne pas , le Maître de Chapelle , (c'eſt ainſi qu'on nomme le Compoſiteur) y en ſubſtitue auſſi tôt un
autre nouveau, ou qui aura été chanté dans une autre ville ; & ſi les paroles n'ont aucun rapport avec la ſitua-
tion de l'Acteur, on en fait faire de
nouvelles où le Poëte s'approche le
plus qu'il lui eſt poſſible de la vraiſemblance : au reſte, la diſparate eſt en ce
cas le plus léger des inconvéniens ;
l'oreille eſt abſorbée par la Muſique.

Vous aurez peine à concevoir comment une Tragédie deſtituée de tous
les avantages, & de tout le merveilleux que préſente à nos Poëtes un ſujet fabuleux, puiſſe fournir à tous les
Airs détachés qui terminent preſque
chaque Scêne, & y jetter la variété

que ce Spectacle exige ; & dont la Mufique eft fufceptible ; puifque dans un Poëme Dramatique , fi vous en exceptez les mouvemens de jaloufie, les menaces de vengeance , les déclarations , les fentimens de tendreffe & de générofité , les fonges , les reconnoiffances , les reproches d'ingratitude ou de fenfibilité , les fureurs qu'enfante le défefpoir ou la rivalité , &c. il femble que le fujet foit épuifé : mais les Italiens fuppléent à cette ftérilité par des moyens de fe retourner , qui fe multiplient à l'infini.

Ordinairement le Poëte pour former les paroles qui doivent être mifes en Mufique à la fin de la Scène , fait une courte récapitulation de ce qui s'y eft paffé ; c'eft un épilogue dans le goût des Chœurs des Anciens : mais lorfqu'il veut faire quelque chofe de moins rebattu ou de plus faillant, il s'écarte du lieu commun, & compofe fa ftrophe d'une métaphore ou d'une comparaifon ingénieufe , qui rend la fituation de l'Acteur plus pathétique , & ajoute à l'intérêt qu'y porte la Mufique ; par exemple :

Un Prince voit s'évanouir les efpé-

rances dont son ambition le flattoit :
« La fortune , dit-il , nous leurre ainsi
» que les décorations de Théâtre ; un
» superbe Palais devient en un instant
» une affreuse prison , & l'on voit la
» mer en furie remplacer un jardin dé-
» licieux ».

Un autre veut reprocher à sa maîtresse son insensibilité ; il lui dit ga-
lamment : « Les lions , les tigres , les
» ours aiment dans leurs antres ; &
» vous , cruelle , avec une effigie hu-
» maine , vous avez une ame plus fé-
» roce que la leur ».

Un Amant trahi par sa maîtresse ou
supplanté par son rival , après avoir
apostrophé la belle de tous les titres
que peut dicter la rage , soulage son
tourment en donnant au parterre , sur
un menuet galant en $\frac{3}{8}$, le salutaire
conseil , « de ne plus se fier si lége-
» rement aux sermens d'un sexe aussi
» volage que perfide ».

Un favori propose à son Souverain
de détruire son ennemi avant que par
ses brigues , il puisse parvenir à se rendre plus puissant : « Un caillou , dit-
» il , peut arrêter un ruisseau dans sa
» source ; mais lorsque par les chûtes

» d'eau qui fe joignent à lui dans fon
» cours il eft devenu torrent, il fran-
» chit tout ce qui s'oppofe à fon paf-
» fage, il renverfe les digues, & les
» entraîne avec lui dans la mer ».

Un Amant à qui fon infenfible in-
terdit jufques à l'efpérance, s'arme de
patience fur cette maxime de Séné-
que : *Que l'efpoir eft le dernier bien au-*
quel renonce une ame bien avifée : « Pour-
» quoi (fe dit-il, pour fortifier fa ré-
» flexion) pourquoi entend-t'on chan-
» ter l'oifeau pris dans l'appât ? Hé-
» las ! c'eft par l'efpoir qu'il conferve
» de recouvrer fa liberté ».

Un Grand, prifonnier, menacé du
fupplice, obferve fierement au Roi,
(en préfence de fes gardes) que fa
chûte entraîneroit celle de l'État :
« Un vieux chêne, dit-il, fur le rapi-
» de penchant d'un rocher efcarpé,
» brave les fureurs du tems & des fai-
» fons ; mais quand chargé d'années
» il vient à périr, il précipite avec lui
» une partie de la montagne ». On
conçoit bien qu'une menace fi effrayante foutenue d'un accompagnement terrible, ne peut manquer d'é-
branler les fens du Monarque le plus

intrépide ou le plus vindicatif.

Après m'être un peu égayé fur la fertilité du génie des Poëtes Italiens, dans une matiere fi aride, je dois cependant rendre justice à quelques-uns d'entr'eux, & fur-tout à Metastasio.

Outre ces strophes ingénieuses de comparaison ou de métaphore que la Musique embellit des plus brillantes couleurs, mais dont on est quelquefois plus frappé qu'affecté, il y en a beaucoup de pur sentiment, où il est exprimé avec un naturel admirable. C'est une mere éplorée qui demande fon fils à tous les Bergers du canton ; c'est une épouse éperdue qui croit voir l'ombre de fon époux, ou qui fe reproche la part qu'elle a au danger qu'il court ; c'est un adieu tendre entre deux amans qu'un fort cruel fépare. On peut dire que Metastasio appellé à juste titre *le Poëte du fentiment*, l'emporte infiniment fur nous pour ces expressions naturelles, que nous n'ofons jamais mettre en chant ; mais toujours en Récitatif. Il est vrai que le chant Italien n'est fouvent dans ces situations qu'une efpece de Récitatif ; mais avec quels accompagnemens !

de tout un Orcheftre qui fe confond
avec l'expreffion de la douleur ; fouvent foutenu de cors , dont nous ne
connoiffons point l'admirable effet fur
notre Théâtre. La Mufique Italienne
ajoute dans ces rencontres aux paroles un pathétique, dont l'art eft abfolument inconnu en France , où le Poëte
place rarement de ces Scênes frappan-
tes , que le Muficien oublie toujours
de mettre en chant avec fymphonie.

A la réferve de quelques comparaifons dans le goût de celles que je
vous ai citées , qui font d'un genre de
Poëfie qui s'allie à merveille avec la
Mufique , dont l'art eft de peindre
tous les mouvemens de la nature , &
qui fourniffent des tableaux au génie
fécond du Compofiteur , on effuie un
nombre prodigieux d'Airs dont les paroles trivialement coufues , & fymé-
trifées fans harmonie , énervent le talent du Muficien ou le forcent de
prendre fon effor , fans égard pour les
paroles , ce qui occafionne fouvent
des contraftes fouverainement ridicules. Un Conful Romain , par exemple , ou un Ambaffadeur Grec fredon-
neront un menuet , lorfque par les

paroles ils déplorent les malheurs de la République ou qu'ils trament une conjuration. Ce qu'il y a d'admirable, c'eſt que de pareilles abſurdités paſſent librement ſans choquer le jugement de perſonne. Le Muſicien a fait ſa charge, l'Acteur a rempli ſa tâche, le Public eſt content : qu'il ſeroit doux à quelques-uns de nos Auteurs de travailler pour un Parterre ſi indulgent !

Pour vous mettre en état de concevoir la diſparité qui ſe trouve ſi ſouvent entre les paroles & la Muſique, de même qu'entre les paroles du Poëme & celles des Airs, il eſt à propos que vous ſachiez qu'en Italie un Poëte ne choiſit pas, comme en France, ſon Muſicien pour mettre ſon Poëme en Muſique, où travaillant de concert à adapter les paroles à la Muſique, ou la Muſique au ſens des paroles, ils parviennent par leur condeſcendance réciproque à compoſer un tout lié ; où enfin, un Poëme lyrique n'eſt mis qu'une ſeule fois en Muſique.

En Italie, lorſqu'un Poëte a compoſé ſon Drame, la Piece ne lui appartient plus, & dans toutes les villes de l'Italie & de l'Europe où l'on repré-

fente des Opéra, chacun s'en empare
& met fes paroles en Mufique, en for-
te qu'il y aura telle Piece de Metaftafio qui aura paru trente ou quarante
fois fous une Mufique différente. J'ai
vû fa Didon , fon Artaxerxès , fon
Olympiade & fon Demophon en diverfes villes d'Italie , avec les agrémens d'une nouvelle Mufique. De-là ,
chacune des mains par où paffe cette
Piece la réforme à fa fantaifie , met
un *Duo* où il y avoit un Air à voix feule , fubftitue une ftrophe à une autre
qui n'a quelquefois aucun rapport avec
le fujet, tronque ou retranche des Scênes entieres indifpenfablement néceffaires pour fa liaifon. C'eft un canevas
où le caprice place les nuances à fon
gré , fans égard pour le Deffinateur.
Enfin, la Piece fe trouve mutilée au
point qu'on ne la reconnoît plus que
par le titre. Le Maître de Chapelle ,
chargé de mettre ce monftre en Mufique , repréfente vainement fa répu-
gnance & le tort que fait au corps la
fection de fes membres ; fes plaintes
font de l'air battu, on lui demande
de la Mufique & rien de plus.

L'Italien eft auffi indifférent pour

une Mufique de l'an paffé, que le François en eft partifan : je n'examinerai
pas fi ces goûts différens font relatifs
à l'abondance des uns & à la ftérilité
des autres. De la Mufique nouvelle !
des Acteurs nouveaux ! voilà ce que
l'Italien demande : a-t'il tort ? Je n'en
fçai rien : j'en doute. En tout cas,
c'eft le feul trait de légereté qu'on
puiffe reprocher à cette nation ; comme c'eft auffi le feul qui nous manque. On feroit tenté de croire que
leur Mufique n'a qu'un mérite fuperfi-
ciel, fi les vives impreffions que l'a-
me en reçoit ne forçoient l'oreille la
plus ftupide d'en juger tout différem-
ment : quoi qu'il en foit, voici comme ils fe fatisfont.

Un Particulier ou une Compagnie
entreprennent de mettre fur pied un
Opéra pour le tems du Carnaval. Ils
font venir de diverfes villes d'Italie
des Chanteurs & des Danfeurs qui,
arrivant au rendez-vous par des routes
différentes, fe trouvent réunis en un
corps fans s'être jamais vûs ni connus. On appelle de Naples ou de Bou-
logne, qui font les meilleures Ecoles
de Mufique d'Italie, un Maître de Cha-

pelle. Il arrive environ un mois avant le 26 Décembre, que commence le Spectacle. On lui affigne la Piece que l'on a choifie, il compofe vingt-cinq ou vingt-fix Airs avec des accompagnemens, & voilà l'Opéra conftruit ; car le Récitatif ne coûte que la peine de le noter. On donne les Airs à mefure qu'ils font faits aux Acteurs, qui les apprennent avec facilité, la plûpart d'entr'eux étant grands Muficiens. Pour le Récitatif, ils ne fe donnent pas la peine de l'étudier, un coup d'œil fuffit ; ils fe contentent de répéter ce que le Souffleur prononce plus haut qu'eux, & le clavecin les tient dans le ton. On fait cinq ou fix répétions, & voilà en moins d'un mois l'Opéra *in fcena* repréfenté.*

---

* Ce qui abrége confidérablement la compofition d'un Opéra, c'eft que les Ballets n'ayant aucun rapport ni aucune liaifon avec la Piece, le Maître de Chapelle ne fe donne pas la peine d'en compofer les Airs.

Les Ballets n'étant, à proprement parler, que des hors-d'œuvres, ou des intermedes de danfe, on fait une rapfodie de différentes fymphonies, la plûpart Françoifes, & ce font toujours les plus applaudies : car il eft bon de dire en paffant, que fi c'eft le propre des Italiens de faire chanter, il appartient aux François de faire danfer.

Qu'on dife après cela que les Italiens font lents dans leurs expéditions: ceci ne tient-il pas du prodige * ? On peut cependant, fans obfcurcir leur mérite, diffiper la vapeur merveilleufe qui enveloppe cette machine dont le méchanifme eft bien fimple.

Un Maître de Chapelle arrive avec une quarantaine ou une cinquantaine d'Airs tout faits, qu'il a compofés dans fes momens de verve, qu'il ajufte aux paroles autant qu'il eft poffible ; & lorfqu'elles ne peuvent abfolument fe prêter à la Mufique qu'il leur deftine, il en fait faire d'autres qui s'y accordent mieux ou moins mal : qu'elles aient du rapport ou non avec le fujet, cela, comme je vous l'ai dit, eft affez indifférent ; fon unique foin eft d'approprier l'Air au goût & à la voix de celui qui doit le chanter. Quant à la mefure des paroles, c'eft le moins embarraffant ; ceux qui fçavent la compofition n'ignorent pas avec quelle aifance on peut s'étendre ou fe reftraindre, & qu'avec un fujet de deux

* Le vafte Théâtre de Tordinona à Rome, fut conftruit en vingt-deux jours en 1735, y compris la Peinture, la Sculpture & les Dé-

lignes * on compofe facilement une Sonate entiere.

Il arrive même affez fouvent que les *Virtuofi*, c'eft-à-dire, le premier Acteur & la premiere Actrice qui donnent le ton à l'exclufion de leurs camarades, du Compofiteur, de l'Entrepreneur & du Public, apportent des Airs qu'ils ont chantés dans d'autres Opéra avec applaudiffement, & forcent le Maître de Chapelle de les placer contre vent & marée dans leurs rôles, pour affurer, difent-ils, le fuccès de la Piece. Il faut foufcrire à ces décrets ; fauf à augmenter le défordre, car il n'y a point d'appel des jugemens de ces perfonnages-là, auffi dit-on communément : *Impertinente come un Mufico.* **

corations ; il eft au moins une fois & demie auffi grand que celui de l'Opéra de Paris.

* En Italien, *Mo*t*ivo.*

** Rien n'eft plus comique que l'air d'importance qui les fuit partout, au Théâtre, en Public & dans leur Domeftique : le ton refpectueux de leurs camarades ne contribue pas peu à entretenir leur fatuité. Ces derniers font excufables, c'eft un hommage qu'ils rendent à la fupériorité ; quant au Public, qui s'en plaint toujours, pourquoi les gâte-t'il ?

Caffarello, que vous avez vû en France,

Comme l'Air chantant eſt l'unique objet de l'attention du Spectateur, il attend toujours avec impatience la fin de la Scêne pour entendre chanter ; auſſi eſt-ce une loi preſque ſans exception, que chaque Scêne ſe termine par un Air ; d'où il découle une conſéquence que l'Acteur ne quitte point le Théâtre ſans prendre congé du Public avec tous les honneurs de la Muſique, quelque néceſſité qu'il y ait qu'il ſe retire. De-là nombre d'abus contre le jugement & la vraiſemblance : par exemple, dans le moment qu'on vient avertir le Prince que l'ennemi donne l'aſſaut ou que ſon Palais eſt incendié ; au lieu de courir précipitamment pour porter du ſecours ou du remede à l'accident, il chantera un Air par lequel il menace de ſe venger du parjure ou du traître, Air qui dure ſouvent un tems ſuffiſant pour que la Ville pût être priſe ou le Palais réduit en cendre.

La ſtérilité de la matiere qui réſulte néceſſairement du plan Italien entraîne encore la privation des plus beaux ornemens de notre Opéra ; j'entens

étoit ſurnommé , *il Babbo degl'impertinenti :* l'Arrogant par excellence.

les Fêtes qui fortent fi heureufement du fujet entre les mains d'un habile Poëte, qui forment une chaîne avec les divertiffemens & l'action : le Drame Italien qui n'eft pas fufceptible de cette harmonie, eft contraint pour s'étaïer, d'avoir recours à des moyens auffi ridicules que bifarres qui en manifeftent la foibleffe & l'infuffifance, comme vous allez le voir.

En Italie, où l'on ne reffent que trop l'ennui que caufent les Opéra par leur longueur & leur féchereffe, on remplit les Entre-actes par des Ballets ou des Intermedes en Mufique d'un Comique outré qui ne plaît que par une bouffonnerie exceffive, foutenue à la vérité le plus fouvent d'une Mufique brillante & finguliérement caractérifée; c'eft l'unique reffource qu'ils aient pour donner quelque relâche à l'ennui & la langueur inféparables de la forme de leur Opéra : mais ce mêlange monftrueux de férieux & de comique outré ou de Ballets extravagans, révolte la raifon. Figurez-vous voir repréfenter la mort de Céfar & Pourceaugnac, dont on donneroit un Acte de chacun alternativement. Peut-on digerer, que

dans

dans le moment que Séneque, libre de se choisir un genre de mort, vient de se faire ouvrir les veines, une troupe de Pantalons, d'Arlequins & de Polichinelles, entre inopinément en dansant grotesquement, & s'efforce de vous arracher des ris par des contorsions pantomimes ? L'esprit peut-il passer si subitement de l'horreur que lui inspire l'inhumanité de Néron & de la pitié qu'attire la constance de Séneque, au vil plaisir de voir sauter & gambader une troupe de Baladins ? Peut-il tomber sous les sens que le cœur émû du meurtre des fils de Brutus par la main sanglante de leur pere ; effrayé des supplices que va chercher Régulus à Carthage avec autant d'héroïsme que d'intrépidité ; attendri jusqu'aux larmes de la funeste destinée de Didon ou de Cléopâtre ; est-il concevable, dis-je, que les yeux baignés de pleurs au récit, ou à la représentation d'événements si tragiques soient subitement séchés par les gestes outrés de quelques bouffons ? Que les ris immodérés succédent aux sanglots avec tant de rapidité, & que l'ame divertie par ces farces, rentre l'instant d'après dans

C

les sentiments de terreur & de pitié qu'imprime la Scêne tragique, avec autant de facilité qu'elle les avoit écartés ? Il faut pour être pénétré, dans un si court espace de tems, de mouvements & d'impressions si opposées, un cœur d'une trempe bien fléxible, dont la raison ne vienne point troubler les opérations, ou, ce qui revient au même, un goût froid & insensible à l'harmonie ; & c'est ce qui caractérise le Spectateur Italien.

On nous objectera peut-être qu'après avoir pleuré à Zaïre, on rit aux Précieuses Ridicules ; cela est malheureusement vrai. La récrimination cependant ne seroit pas conséquente : je ne m'éleve ici que contre cette alternative insoutenable de sérieux & de comique : je pourrois répondre pour moi seul, qu'aux premieres représentations de Tragédies, je ne suis jamais resté à la petite Piece, eût-ce été l'Oracle ou la Pupille.

L'Opéra, dit S. Evremont, est un mêlange bisarre de Poësie & de Musique, où le Musicien & le Poëte également gênés l'un par l'autre, se donnent bien de la peine pour composer

un méchant Ouvrage. Cette définition épigrammatique , qui eſt une Sa-
tyre injuſte des Poëmes de Quinault &
de de la Motte , n'eſt pas même appli-
cable aux Italiens. Vous avez vû avec
quelle célérité le Maître de Chapelle
compoſe , à l'excluſion du Poëte.
Quant à la Piece , l'indulgence du Public épargne au Poëte bien des ſueurs :
il ne faut ici , généralement parlant ,
que des vers pour faire de la Poëſie ;
le nombre des Verſificateurs eſt prodigieux , ils accouchent avec tant de
facilité , qu'un Drame eſt preſque auſ-
ſi-tôt broché qu'un Sonnet , qui , pour
être univerſellement applaudi , n'exige qu'une inverſion outrée , des termes hors d'uſage & des phraſes in-
compréhenſibles. Ce ſont autant de
Luciles pour la fertilité de la veine ,
autant de Chapelains pour l'inintelli-
gibilité de la penſée. J'en excepte cependant un petit nombre , comme
Zeno , Metaſtaſio , Paſquini , &c.

Les Pieces d'Apoſtolo-Zeno ſont
remplies d'événements & de coups de
Théâtre qui aident à la pompe du
Spectacle , & à la ſingularité des Décorations.

Celles de Metaſtaſio ſont écrites avec force, clarté, élégance & fineſ-ſe ; mais elles ſont dénuées pour la plûpart de ces traits de ſurpriſe qui ſont l'ame de ce Spectacle dans le plan actuel des Opéra Italiens, tels que le dénouement de Vologeſe *, qui eſt peut-être le coup le plus frappant & le mieux contraſté qu'on ait jamais vû ſur aucun Théâtre. Il eut été à déſirer que travaillant de concert, Zeno eût imaginé, & Metaſtaſio eût exécuté.

Les Drames de Paſquini ſont d'un ſtyle aiſé, par fois délicat, ſouvent en-tortillé; mais qui manque d'élévation : Il y en a peu de ſa claſſe, & un grand nombre au-deſſous.

* Bérénice paroît dans un vaſte Sallon, ſom-bre & tendu de noir juſqu'à la voûte, prête à ſuivre ſon amant, qu'elle croit immolé à la jalouſie du Roi. Un eſclave lui apporte un baſſin couvert d'un voile noir où elle ſuppoſe la tête de ſon amant. Avant que de ſe donner la mort elle veut encore embraſſer cette tête ſi chere. A peine leve-t'elle le voile, qu'au lieu de ce funeſte objet, elle découvre un ſceptre & une couronne. En cet inſtant, la ſcê-ne lugubre diſparoît comme un éclair, & fait place à une gallerie immenſe, extraordinai-rement illuminée, où le Roi accompagné d'une cour nombreuſe, au ſon des tymbales & des trompettes, vient lui rendre Vologeſe, qu'il couronne avec elle.

La célébrité de Metaſtaſio lui a ſuſ-
cité parmi nous des Admirateurs & des
Cenſeurs. On lui a rendu juſtice ſur
l'aménité & la clarté du ſtyle, & les
graces que ſément dans toutes ſes productions le goût & le ſentiment ; mais
en même tems la maligne critique l'ac-
cuſe de plagiat, terme que le préjugé
a rendu injurieux, & qui ternit injuſ-
tement la réputation d'un Auteur. Je
dis préjugé, puiſque la même action
qui eſt un motif de louange à l'égard
des Anciens, en eſt un de répréhen-
ſion envers les Modernes. Un larcin
littéraire blâmé comme plagiat, dans
un ſens, & admiré comme imitation
dans un autre, ne ſeroit donc qu'une
queſtion de nom ? Ne pourroit-il pas
s'admettre avec la même diſtinction
de nation à nation, en ſubſtituant la
diſtance des lieux à celle des tems ?
Pourquoi faire un délit à un Auteur
des plaiſirs qu'il procure à ſa patrie en
y tranſportant les richeſſes produites
dans une autre? L'or a-t'il perdu de ſon
prix pour s'être multiplié en Europe
par la découverte du Méxique ? Cette
conquête a-t-elle obſcurci la gloire
de Cortez ? Que m'importe qu'on

m'apporte pour Moka ce fruit délicieux qui croît au Royaume d'Yemen
en Arabie, si sa liqueur est agréable &
salutaire ? Le reçois-je pour cela avec
moins de gratitude & de sensibilité ?
Metastasio a-t'il moins mérité des Italiens, en leur communiquant les beautés de nos Poëtes tragiques, que n'a
de droit à notre reconnoissance l'Or-
phée de nos jours, qui en décompo-
sant habilement les productions d'Italie, a changé la face de notre Musique, & préparé la révolution qui doit
multiplier nos plaisirs ?

M. Calzabigi, en s'efforçant de pur-
ger Metastasio de l'imputation des
François, eut sans doute mieux réussi
à conserver sa gloire en saisissant mon
opinion, que son esprit eut embellie,
qu'en comparant quelques endroits
de ce Poëte à d'autres de Racine, par
lesquels il croit, de bonne-foi, dé-
montrer que les mêmes situations sont
traitées diversement & d'un ton original à ces deux Auteurs. Sa preuve
n'est qu'une subtilité plus séduisante
que persuasive : c'est précisément citer
de la loi les articles favorables, &
passer sous silence les contraires.

Les Italiens difent : *Fù fempre onef-ta la caufa di chi parlò folo* : « il n'y » a point d'Avocat qui perdît fa caufe, » fi la partie adverfe n'étoit point ad-» mife à répliquer ». Je n'entrepren-drai point de ripofter par une anatomie raifonnée des Pieces de Metaftafio ; un feul trait fuffira de batterie aux cita-tions de M. Calzabigi. Lifez la *Zeno-bia* , le plus foible, à la vérité , des Drames de cet Auteur, & qui auroit dû l'avertir de fe repofer fur fes lau-riers, & vous reconnoîtrez fans con-tention d'efprit, que c'eft une fidele traduction de Rhadamifte, auffi infé-rieure au modele, que la Mérope de Voltaire * eft fupérieure à celle du Marquis Maffei.

Metaftafio peut donc judicieufe-ment être confidéré comme un des beaux Efprits de notre fiecle, & le Racine de l'Italie ; comme celui-ci l'Euripide de la France. Original dans ce qui lui appartient en propre , &

____

* Je me crois fondé à dire Voltaire : on ne doit parler des grands Hommes que comme la poftérité. Je dirois également dans ce fens : Fontenelle, Crébillon, Dalembert, de Buffon, Maupertuis, Châteaubrun.

rendant avec un coloris, qui est à lui, les idées qu'il emprunte, il n'a point encore d'égal parmi les concitoyens; noble imitateur des grands modeles qu'on nous propose tous les jours à nous-mêmes, il a tracé à sa nation une route inconnue jusqu'à lui, pour lui faire partager avec les autres la gloire du Cothurne. Son style aisé, tendre, élevé & séduisant commence à accoutumer les Italiens à regarder le Poëme comme partie essentielle de l'Opéra; les siens, par une vertu enchanteresse, plaisent également ornés ou destitués du secours de la Musique (Art inconnu en France) : c'est un Chymiste célèbre dont l'Art est parvenu à la transmutation. Les Italiens lui doivent une couronne, & le Critique le plus severe ne peut que l'admirer à l'égal d'un Artiste qui développe un vase ou une statue, qu'un bloc de marbre renferme.

Quand les Editeurs du Journal Etranger donneroient pour leurs productions ce qu'ils n'annoncent que comme traductions, je laisserois à quelque Zoïle le stérile & dangereux travail de les rechercher; je n'en sefois pas moins flatté de l'avantage que je reçois de leurs soins, sans lesquels tant d'ouvrages curieux me seroient inconnus. Je ne considere que le bienfait, & je persiste à soutenir que le nom de Plagiaire, dans sa signification commune, ne peut s'appliquer qu'à un servile Imitateur, un froid Copiste ; mais qu'un Plagiaire adroit est estimable, puisqu'il est utile à la société. Ce titre se prend-il en mauvaise part ? substituons-lui celui d'imitateur, tout rentrera dans l'ordre : je rentre aussi en matiere.

Si les Italiens n'ont pas, comme nous, les ressources des fêtes brillantes & variées que nous fournit la métamorphose, ils sont féconds en combats, siéges, incendies, chars tirés par des chevaux, chasses, &c. J'ai vû jusques à quarante chevaux sur le Théâtre, dans une bataille où donnoit la cavalerie, & galoper douze Seigneurs dans une Comédie héroïque où le Roi couroit un sanglier : mais il faut pour l'exécution de pareils Spectacles, des Théâtres beaucoup plus vastes que les nôtres, tels que ceux de Rome, Naples, Turin, Ve-

C v

nife , Milan , Fano , Parme , Florence , &c. Je ne fçaurois m'empêcher
d'obferver, à ce fujet, que c'eft une
honte pour une ville comme Paris , de
fe contenter de Théâtres fi pauvres
pour la coupe , l'étendue & la décoration, qu'elles font compaffion à tous
les Etrangers ; tandis que de dix Théâtres qu'il y a à Rome , * & autant à
Venife **, également remplis pendant le Carnaval , il y en a quatre dans
chacune de ces villes au rang des plus
beaux , & que les plus petites villes
d'Italie en ont de fupérieurs aux nôtres : mais ceffons de nous allarmer
quand tout nous annonce l'heureux
inftant où le goût général, frappé des
fublimes beautés du feul Art qui foit
encore informe parmi nous , faifira en
même tems la néceffité de conftruire
un Théâtre propre à l'exécution du
plus brillant des Spectacles.

Une ville floriffante qui ne le cede
qu'à la Métropole pour la fplendeur,
le goût & l'opulence , Lyon nous

* Aliberti , Argentina , Tordinona , Capra-
nica , &c.
** S. Giovan Crifoftomo , S. Paolo , S. Sa-
muel , S. Angelo , &c.

donne déja un exemple qui ne peut qu'irriter notre émulation.

Mais que ne devons-nous point attendre des lumieres de celui qu'un Souverain, Amateur & Protecteur des beaux Arts, a choifi pour préfider aux Edifices publics ; Miniftre dont les vûes, pour l'embelliffement de la capitale négligée par fes prédécesseurs, n'ont de bornes que les circonftances des tems ; Mécêne d'Artiftes nés pour feconder glorieufement fes vaftes deffeins ; génie doué d'un jugement folide, d'un goût fûr, d'un tact exquis, orné de connoiffances puifées dans les grandes fources des beaux fiecles d'Athênes & de Rome, M. le Marquis de Marigny ne nous laiffera pas foupirer long-tems après une falle de Spectacle qui l'emporte, pour l'élégance & la commodité, fur celles de Rome, Naples & Turin. Nous en avons pour garands les grands projets qui s'exécutent fous nos yeux.

Déja nous voyons s'élever le berceau glorieux des défenfeurs de la Patrie, auprès de la noble retraite de ceux qui, hors d'état de la fervir, ne fouffrent que de l'impuiffance de verfer encore leur fang pour elle.

Un Temple fuperbe, confacré à la Patrone d'une cité immenfe, fera dans la poftérité la plus reculée, un monument mémorable de la piété du Monarque qui le fit.ériger, & de l'édification du peuple qui en vit jetter les fondements.

Un voile barbare offufquoit, au centre de la Capitale, un édifice majeftueux, digne de la plus belle antiquité, ce voile tombe & laiffe à découvert un chef-d'œuvre d'Architecture connu de toute la terre, ignoré feulement de ceux qui le poffédoient.

Une Place, dont la noble fimplicité répond à la magnificence du Jardin qu'elle termine, décorée de l'Effigie d'un Héros, le meilleur des Rois, *Louis le Bien-Aimé*, met le comble aux vœux de fes fidéles Sujets.

Il nous manquoit un Hôtel-de-Ville, & un Hôtel des Monnoies, le Plan de l'un eft projetté, celui de l'autre eft arrêté.

Ces grands Etabliffements, qui ne font que le prélude de ceux que nous promet un regne auffi long que glorieux, viennent naturellement à la fuite de foins plus importans, dont tous les Sujets recueillent d'heureux fruits. On conçoit bien que j'entens ces fuperbes chemins qui traverfent la France en tous fens, comparables aux voies Romaines; ils ne font point ornés de Tombeaux, d'Obélifques, de Colonnes milliaires; ils font moins folides peut-être, mais plus larges, plus fûrs & plus commodes; deftinés à porter l'abondance dans toutes les parties du Royaume, ils font d'une utilité plus générale pour le bien du commerce, que ce Canal fi renommé, qui fit tant d'honneur au regne précédent.

A la vûe de ces merveilles, époque brillante du fiecle Philofophe, nos defcendants frappés d'admiration, fe rappelleront que par un effet de la liaifon intime & naturelle entre les Sciences & les Arts, la France, après avoir déterminé la Figure & les deux Diametres de la terre, vit éclore dans fon fein la Henriade, l'Efprit des Loix, l'Hiftoire Naturelle & l'Encyclopédie.

Vous avez, fans doute, entendu parler plus d'une fois de la vanité des

Italiens, de ce qu'on ne bat pas la
mefure à leur Opéra, comme au nôtre ; c'eft, dit-on, parce que leurs Acteurs font Muficiens, & que les nôtres
ne le font pas : j'accorde la propofi-
tion, mais j'en nie la conféquence ;
une fimple obfervation va diffiper
cette prétendue fupériorité. On ne bat
pas la mefure à l'Opéra en Italie, cela
eft vrai ; mais le premier Violon y fup-
plée d'une maniere quelquefois auffi
défagréable ; il la bat avec le pied, il
fe démene comme un poffédé & fou-
tient l'Orcheftre par des coups d'Ar-
chet fi frappés, qu'on les diftingue
du fond de la Salle. Celui qui tient le
Clavecin dans un fort accompagnement, le touche quelquefois fi rudement pour imprimer la mefure, qu'il
feroit bien de fe ganter de buffle pour
ne pas s'eftropier les doigts : mais
lorfque le Maître de Chapelle fait exécuter fon Opéra lui-même, on le reconnoît aifément au privilége qu'il a
de marquer la mefure à coups de
poing. D'ailleurs, fi les Italiens avoient
des Chœurs, quelques bons Muficiens
que foient leurs Acteurs, ils ne pourroient éviter de battre la mefure, com-

me ils font dans les Mufiques d'E-
glife.

Entrons préfentement dans le détail du goût, des ufages & des mœurs
des Italiens, relativement aux Spectacles. Vous y verrez des fingularités
qui n'ont aucun rapport avec les nôtres ; & pour les peindre avec des couleurs plus naturelles, je m'arrêterai aux
habitants de cette ville-ci, qui tient
en Italie un rang affez diftingué &
affez confidérable pour que, à quelques nuances près, vous puiffiez vous
repréfenter toutes les autres.

Il eft d'ufage ici, comme par toute
l'Italie, de prendre des Loges entieres ; une Dame ne peut aller à la Comédie en payant fimplement fa place.

A l'Opéra, cela eft encore tout différent, il faut louer la Loge entiere
pour tout le tems du Carnaval, qui
dure environ deux mois, à commencer du lendemain de Noël, jufques au
Mardi-Gras.

Dans une ville comme Florence,
où l'on compte plus de cinq cens Dames dans la Nobleffe *, & où il n'y

* Le Comte de Richecourt, Miniftre & Ré-
préfentant de l'Empereur en Tofcane, à l'oc-

a qu'un grand Théâtre, qui devient l'unique amufement pendant le Carnaval, les Loges devroient être enlevées à l'envi, d'autant qu'on ne les paye que trente à quarante ducats, ce qui ne revient pas à une piftole par repréfentation : cependant il en refte toujours pour les Curieux : l'œconomie contraint la plus grande partie de s'en paffer ; plufieurs s'affocient pour en prendre une ; d'autres en empruntent.

Je vous ai déja dit dans une autre Lettre, que les Affemblées en Italie ne commencent toute l'année qu'à vingt-quatre heures *, c'eft-à-dire, une heure environ après le coucher du foleil. Dès que le Spectacle eft ouvert, ces Affemblées finiffent ; c'eft au Théâtre qu'elles fe tiennent. Les Loges font, à proprement parler, des Salles de Compagnie : en effet, les Cavaliers vont de

cafion de la fête de fon Maître, donna l'année derniere un Bal où il y eut cinq cens vingt-deux Dames d'invitées.

* L'Horloge en Italie fonne vingt-quatre heures dont la premiere fe compte environ une heure & demie après le coucher du foleil. En Tofcane, on compte à préfent les heures à la Françoife, du premier Janvier 1750.

Loge en Loge faire leur cour aux Dames ; les Dames se visitent d'une Loge à une autre : c'est un concours perpétuel de monde qui va & qui vient, un flux & reflux de gens qui entrent dans les Loges & qui en sortent. Ceux du bon air les parcourent toutes régulierement chaque soir. Les Corridors semblent des rues ; on fait plus, on joue dans les Loges, on y soupe, & le bruit que produit l'assemblage de tant de voix, la plûpart glapissantes, permet à peine quelquefois d'entendre l'Orchestre. Un Etranger, la premiere fois qu'il se trouve à ce Spectacle, se croit au sabbat ou dans une place publique. Le jeu y est utile, il suspend l'ennui inséparable de ce Spectacle, qui commence en toute saison à deux heures de nuit *. Et comme il dure de fondation au moins cinq heures, il est bien naturel de prendre quelque réfection, surtout en Eté qu'on en sort à deux ou trois heures du matin.

* Quoique communément le Carnaval soit le tems destiné pour l'Opéra, il y en a cependant quelquefois en Eté & en Automne, surtout à Florence, que la fête de l'Empereur & celle de l'Impératrice se rencontrent du 4. au 15. Octobre.

Outre les parties de jeu qu'on fait dans les Loges, il y a encore des Salles particulieres où l'on joue aux jeux d'hazard, où chacun va jouer ou va voir jouer. Il faut néceſſairement tous ces appâts pour attirer le monde, ſans quoi le Spectacle ſeroit déſert, graces au vice de ſa conſtruction. Mais, me direz-vous, pourquoi ne pas abreger ces Opéra au lieu d'épuiſer les ſtratagêmes pour ſe ſauver de l'ennui *qui y pleut à verſe?* Ma réponſe eſt celle que j'ai reçue en ce cas comme en bien d'autres : *c'eſt l'uſage.* Bien des gens ſeroient choqués de l'ineptie d'une ſemblable réponſe à de juſtes obſervations, contre certaines coutumes incommodes ou nuiſibles qui nous frappent chez les autres, qui ſe trouveroient fort embarraſſés de réſoudre de pareilles queſtions ſur d'autres ridicules, auxquels par habitude ou par un faux reſpect humain, ils s'aſſerviſſent volontairement chez eux. Un Italien pourroit, par exemple, demander à un François :

Pourquoi un Opéra n'eſt-il mis qu'une ſeule fois en Muſique? Seroit-ce par la facilité de compoſer des Poëmes nouveaux ſupérieurs à ceux qui exiſtent?

Pourquoi des Prologues d'Opéra ?
Est-ce pour donner six Actes au lieu de
cinq, qu'il seroit peut-être mieux de
réduire à trois ?

Pourquoi assujettir à la rime la Poësie
dramatique & lyrique ?

Pourquoi employer le vers heroï-
que pour le genre Comique ?

Pourquoi de si petits Théâtres pour
une si grande Ville ? Des Théâtres si
mal construits avec de si habiles Ar-
chitectes ? Des Théâtres si communs
pour y représenter des choses si subli-
mes ?

Pourquoi n'est-on pas assis au Parterre ?

Pourquoi les Femmes défigurent-
elles leurs attraits par un rouge excef-
fif, si éloigné de la belle nature ?

Pourquoi demander à quelqu'un
qu'on a vû le matin, des nouvelles de
sa santé ?

Pourquoi l'embonpoint, qui peint si
bien les graces & la fraîcheur des Ita-
liennes, est-il chez les Françoises presque une difformité ?

Quelle manie de faire des noeuds
qui ne font d'aucun usage.

Pourquoi des Maîtres de graces ?

Est-ce pour donner de l'affectation aux personnes qui en ont de naturelles, ou du ridicule à celles qui en manquent?

Un Musulman pourroit à son tour demander : Pourquoi gêner le corps dans ses vêtemens par tant de ligatures qui arrêtent la croissance & nuisent à la digestion ?

Pourquoi des chapeaux dont on ne fait point d'usage ?

Pourquoi tant de Bibliothéques, & si peu de Bains ?

Pourquoi des Ecuyers & des Valets-de-chambre aux Femmes au lieu d'Eunuques ?

Pourquoi tant de Satyres contre les Mœurs qui ne s'épurent ni ne se corrigent ?

A quoi bon cette multitude innombrable de Loix, la plûpart embrouillées, & qui ne suffisent pas encore ?

Que sont devenues ces Loix admirables de l'hospitalité ? Ne subsistent-elles plus que dans le faste ?

Pourquoi des Cloches ?

A toutes ces questions & mille autres de même nature, peut-être aussi déplacées ici que la description de l'âge d'or, que fait Don Quichotte à

à propos de noix feches, que pourroit-
on répondre ? Sinon : *C'est l'ufage*. Il
n'y a jamais eu qu'une Contrée chimérique telle que la République de
Platon où l'ufage ne tyrannifoit point
le jugement ; auffi l'a-t-il habité feul.

Nonobstant ce que je vous ai dit
de la nature des Opéra Italiens, des
abfurdités & des ridicules dont ils
font chargés, lorfqu'on veut fe tranf-
porter dans le goût de ceux pour qui
on les repréfente, (goût formé ainfi
que chez prefque tous les hommes par
la fimple habitude de ce qu'ils voyent,
fans idée, & conféquemment fans
defirs de ce qu'ils pourroient voir de
mieux) on peut convenir qu'ils font à-
peu-près ce qu'ils doivent être. Les
amateurs de la Mufique trouvent à s'y
amufer, même à s'y occuper : mais
c'eft dans ces Opéra où l'on n'épargne rien pour leur donner tout le luftre & le brillant dont ce Spectacle eft
fufceptible ; comme à Milan, Turin,
Rome, Venife, Naples, où l'on voit
fucceffivement paroître les plus belles
voix de l'Italie, où l'on a des décorations ingénieufes & fuperbes, où pour
les Ballets on raffemble ce qu'il y a de

plus distingué. Le Terre-à-terre, à la vérité, n'y est pas fort goûté, sans doute, faute de sujets; on n'a pas facilement des Mions * & des Sauveterres : mais les tours de force & les sauts périlleux qui étoient autrefois si fort en vogue, ont cédé le champ à une danse haute qui réunissant la noblesse au feu le plus brillant, a porté les caracteres & les pantomimes au degré de perfection où nous les voyons aujourd'hui. Les Italiens doivent cet avantage à un François, nommé Denis, attiré depuis quelques années à la Cour de Berlin, qui débuta à Florence en 1746. Il y trouva des talents, il en fit éclorre, enfin il forma des Eleves qui ont porté la gloire de leur Maître sur tous les Théâtres de l'Europe, & dont Paris fait encore ses délices.

Dans les villes du second ordre, parmi lesquelles il y en a deux principalement qui malgré leur opulence ont la réputation de donner aux autres des exemples de l'économie la plus raffinée, il n'est gueres possible de mettre sur pied un bon Opéra ; l'avarice générale y met un obstacle insurmontable.

* Célèbre Danseur François, pensionné par la Cour de Turin.

Comme vraisemblablement les Spectacles seroient deserts, malgré leur courte durée, s'il falloit payer chaque soir environ trente sols, prix du billet d'entrée, on a introduit l'usage de s'abonner pour tout le Carnaval, moyennant trente Jules qui font environ seize livres de France pour les hommes, & douze pour les femmes, ce qui fait à peu près douze sols par représentation, encore est-on assis! Il ne se peut rien de plus modique ; cependant le croirez-vous ? La plus grande partie de ceux qui idolâtrent la Musique ne s'abonnent qu'au second Opéra, c'est-à-dire, à la moitié du Carnaval, au moyen de quoi les Entrepreneurs ne trouvant pas leur compte à ce calcul économique, donnent pour la premiere piece un Opéra dénué d'ornemens, sans décorations, réservant le peu de dépense qu'ils veulent faire pour restaurer les anciennes qui doivent servir au second. Tout s'enfuit; les Acteurs se négligent, il y va peu de monde, le vuide des spectateurs & le silence inusité font sentir doublement le froid de la saison & de la Piece : ainsi, à le bien prendre, le

tems de ce Spectacle, tout court qu'il
est, se trouve réduit à un mois : encore sans la permission qu'on accorde
depuis le dernier regne d'aller en masque au Théâtre, le concours ne seroit pas nombreux ; mais à la faveur
du masque, les Moines, les Dévotes
& les Hypocrites qui composent une
république considérable, & qui font à
l'extérieur profession d'une vertu aus-
tere, remplissent la salle, & dédom-
magent les Entrepreneurs de la lésine
des séculiers ; la plûpart de ces graves
personnages aussi économes du tems
que le reste de la nation l'est de son
argent, prodiguent volontiers pour
leurs amusements un métal qui n'a de
valeur réelle que la mesure de nos besoins & de nos plaisirs.

Ne soyez pas surpris de trouver les
Moines parmi ceux qui fréquentent les
Spectacles : les Italiens traitent de
préjugé ou de fanatisme l'opinion de
nos Casuistes ou Rigoristes sur cette
matiere. Les Moines, lorsque les mas-
ques ne sont pas permis, y vont à visage découvert & dans leur habit de
Religieux ; je n'y en ai point vû à la
vérité de ceux qui portent barbe : il y
a plus,

a plus, l'amufement du Théâtre y eft
regardé comme fi innocent, que dans
la plûpart des villes d'Italie, les Cou-
vents d'hommes reftent ouverts pendant le Carnaval jufqu'à fept heures de
nuit. Si dans la jouiffance d'un plaifir
autorifé par la coutume d'un pays, il
n'y a de mal que ce qui peut caufer du
fcandale ; le bas Clergé eft juftifié par
l'exemple des Prélats, & de quelques
Princes de l'Eglife qui ont à Rome
des Théâtres fous leur protection où
ils affiftent régulierement.

La maxime en Italie de ne point
éclairer l'intérieur de la falle eft fort
fage. Il y a au milieu un grand luftre
qui fe retire lorfque la toile fe leve, &
qui ne reparoît que lorfque la Pièce
eft finie. Dans l'obfcurité, l'œil du
Spectateur fe porte néceffairement fur
le Théâtre, & jouit fans diftraction
des avantages de la perfpective ; mais
la bienféance a introduit l'ufage de
tenir dans les loges des girandoles
dont la lumiere trop répétée détruit le
charme optique.

Dans quelques villes comme celle-
ci où tout eft fubordonné aux loix du
Miniftere & de l'économie, on jouiroit

D

mieux de la décoration, fi le Théâtre étoit éclairé ; mais il l'eſt ſi meſquine-ment que la Scêne ſemble ſe paſſer pendant le tems d'une éclipſe ou du crépuſcule , & par une conſéquence immédiate les loges ſont très-ſom-bres. Dans une, capable de conte-nir dix ou douze perſonnes , il n'y a qu'une petite bougie dont la foible clarté ſatisfait à l'uſage , ſans diſſiper totalement l'épaiſſeur des ténebres né-ceſſaires pour voiler les indécences qui s'y commettent aſſez ſouvent, ſans reſpeſt pour le Public * ; il n'eſt pas rare d'y voir une Courtiſanne y tenir ſes aſſiſes ; la bienſéance m'oblige de paſſer rapidement ſur cet article.

Le peu qu'on paye pour les abon-nements, & que chacun donne encore avec regret, joint à l'avidité de ga-gner des Entrepreneurs , met néceſ-ſairement des bornes à la dépenſe qu'é-xige un bon Opéra , quoiqu'ici ce ſoit une compagnie de trente Gentilshom-mes qui faſſe ordinairement cette en-trepriſe ; nombre qui les met à l'abri

---

* Les Loges , en Italie , ſont ſéparées par des cloiſons , & non pas par des barreaux , comme les nôtres.

d'une perte fenfible , tant la dépenfe
eft mefurée avec la recette naturelle.
Mais, comme je vous l'ai dit, la com-
binaifon de l'avarice des uns & de la
cupidité des autres eft caufe qu'on ne
voit que des décorations recrêpies ;
qu'on n'illumine gueres ; qu'on n'y entend que des voix médiocres , de la
Mufique furannée qui fait languir la
Scêne , & rarement des Chanteurs du
premier ordre, qui, ainfi que la Mufique , perdent eux-mêmes beaucoup
à être entendus plufieurs fois, au contraire de ce qu'on voit en France ; ce
qui feroit fuppofer que leur Mufique
n'a qu'un faux brillant , & les Acteurs
un mérite éphémere, fi toutes les Nations qui ont le même Opéra en ju-
geoient comme les Italiens.

Bennardi , dit Senefino , le plus
grand Acteur fans contredit de toute
l'Italie , ayant chanté il y a quelques
années à Florence pendant un Carnaval avec un applaudiffement univerfel,
fut entendu l'année fuivante fur le même Théâtre fans plaifir dans la premiere Pièce , & infpira l'ennui dans la
feconde jufqu'à la fatiété. Il revenoit
de Londres où il avoit été applaudi

pendant dix ans avec un fuccès égal, couronné de plus de cinq cens mille livres de falaire & de bienfaits. A Florence, la premiere année, c'étoit un prodige au-deffus de tout éloge ; ce ne fut que la feconde année qu'on s'apperçut qu'il chantoit dans le goût antique *, & qu'il étoit tems qu'il fe repofât.

Si l'on doit juger des caufes par leurs effets, quel parti prendrez-vous entre les deux Mufiques ? Notre conftance part-elle de l'inftinct ? La légéreté des Italiens de la réflexion ? Lapideriez-vous celui qui mettroit entre ces deux Mufiques la différence qui fe trouve entre le bon mot qui plaît toujours & la faillie qui n'a que le moment ? Je me fouviens d'avoir vû en 1728 ou 30 repréfenter à Paris Théfée onze mois de fuite, tandis que le plus bel Opéra Italien peut à peine fe fou-

---

* Son défaut étoit un beau naturel qu'il n'avoit pas jugé à propos d'affujettir aux phafes de la mode, qui femble ne faire confifter aujourd'hui l'excellence du Chant, en Italie, que dans la difficulté vaincue. Nous nous contenterions bien de le poffeder en France, tel qu'il exiftoit du tems de Pergolefe, & peut être ferions-nous affez fages pour nous y ténir.

tenir un mois. La courte durée de son regne a sans doute son principe autant dans le vice de conformation que dans les dispositions de ceux qui y assistent. On peut donc sans partialité, en accordant aux Italiens la supériorité de Musique vocale, assurer que le tissu de notre Opéra & son ensemble l'emportent infiniment sur le leur. Il ne s'agiroit plus que d'adapter la vraie Musique au génie & au caractere de la Langue Françoise ; l'exécution n'est peut-être pas si chimérique que M. Rousseau le prétend : ce seroit au moins une tentative à faire sur les Opéra de Quinault & peut-être encore mieux de commencer par l'Europe galante qui comme Ballet est plus susceptible d'une épreuve, pour entamer (que l'on me passe cette expression) les préjugés de l'oreille. Le contraste qu'il faut tôt ou tard essuyer seroit plus frappant qu'avec des paroles nouvelles ; un Musicien accrédité craindroit-il de risquer sa gloire, ou de passer pour apostat, en faisant voir que capable de bien faire, il n'a été retenu jusqu'ici que par un faux respect humain ? La crainte d'échouer pour le moment est le par-

tage d'une ame timide ; tôt ou tard un
génie hardi recueille les lauriers qu'il
mérite : qu'on fe rappelle le fâcheux
fuccès de la Phédre de Racine , &
d'Hippolyte & Aricie aux premieres
repréfentations.. Pourquoi défefpérer
d'appliquer heureufement la Mufique
Italienne , ou , fi vous voulez , dans
le goût Italien , à des paroles Françoifes ? Ce n'eft certainement pas le
talent ni le génie qui manquent à nos
Muficiens. Dans les Sonates & les
Concerts , où le Compofiteur n'eft
pas gêné par le caractere de la Langue , nous avons des morceaux qui ,
de l'aveu des Italiens mêmes , vont
de pair avec ce que Tartini , Hendel,
Porpora , Geminiani , &c. ont fait de
meilleur ; & les Italiens n'ont rien qui
puiffe entrer en parallele avec les Motets de Mondonville *. On s'eft ap-
proché de deux lieues des terres Auf-

* Cet avantage , qu'ont les Motets de Mondonville fur les compofitions théâtrales, aide
à prouver que la Langue Françoife eft moins
propre à la Mufique que la Latine , peut-être
par cette raifon, que celle-ci n'a point de rimes
féminines , & que fon inverfion y eft favora-
ble , en quoi elle eft analogue à la Langue Italienne.

trales fans pouvoir aborder ; peut-être quelque Marin fera-t'il plus heureux que le Capitaine Lofier ! Le ridicule attaché au fobriquet de *Quadrateur*, doit éloigner tous les jeunes Géométres d'une recherche jugée inutile ; il faut renoncer à trouver le Mouvement perpétuel, la Pierre philofophale, & la Médecine univerfelle, dont l'impoffibilité eft démontrée ; mais la Longitude eft digne des travaux des plus grands Hommes. Il eft auffi de prétendues chimeres qu'on doit s'efforcer de réalifer : on a retrouvé la Peinture encauftique, & les Miroirs d'Archimède : encore un faut, & peut-être parviendra-t'on à faire de bonne Mufique fur des paroles Françoifes ! Quelques Airs de Titon & l'Aurore, du Devin de Village, les Trocqueurs doivent exciter le courage au lieu de l'abattre : ce que quelques-uns n'ont fait que femer par cantons, il faut le hazarder en plein champ. La théorie féduit l'éfprit, la pratique frappe les fens. A une Mufique nouvelle fuccédera une nouvelle méthode pour fon exécution *. Fran-

* Nos peres, peu verfés dans l'Anatomie,

chiſſons les obſtacles, & nous par-
viendrons peut-être par degrés à l'a-
vantage d'avoir ſeuls, dans toute l'Europe, une Muſique nationale à laquelle les Etrangers, qui ſont nos juges
en cette matiere, ne refuſeront pas le
nóm de Muſique. Je dis plus ; j'avance
ce que le Récitatif Italien peut s'approprier à notre Langue, à quelque
différence près ; j'en ai fait l'épreuve :
il ne s'agit que d'accoutumer nos oreilles à cette briéveté & ces intonations
que la prévention nous fait traiter de

attribuant à la nature du climat la peſanteur
des Voix Françoiſes, croyoient en corriger le
vice par une prétendue propreté de Chant,
qui ne faiſoit que l'augmenter.

Aujourd'hui qu'on eſt plus éclairé ſur le mé-
chaniſme des Sons, perſonne n'ignore que ce
n'eſt que par l'exercice, qui détend les rubans
dont la glotte eſt compoſée, & met en jeu les
cordes vocales qui l'environnent, que la voix
parvient à cette flexibilité dont la vraie mélodie tire des traits ſi brillans.

Une nouvelle méthode de Chant opéreroit
ce prodige, que les Voix étonnées de ſe trouver une agilité, qu'elles ne ſe feroient pas
foupçonnée, s'étudieroient à produire des Sons
au lieu d'éclats, du Chant au lieu de bruit,
& que l'organe le plus foible ſe feroit entendre plus diſtinctement que les poumons les
plus tonnans ; c'eſt ce que l'on éprouve dans
les plus vaſtes Théâtres d'Italie.

baroques ; s'il faut quelque tems pour s'y faire , j'ofe affurer qu'il n'en faut pas tant qu'on fe le perfuade : l'expérience juftifiera le pronoftic.

Les Poëtes Italiens , pour donner plus de vraifemblance à leurs Poëmes , fe font renfermés dans l'Hiftoire ; mais privés , d'une part , des reffources que fournit la Fable pour la pompe & le merveilleux du Spectacle , ils font tombés de l'autre dans des abfurdités qui heurtent rudement le goût & la raifon. Peut-on voir de fang-froid chanter l'Aréopage ou le Sénat Romain ? Il eft vrai que Socrate a danfé ; mais il répugne d'entendre Solon , Licurgue & autres Sages de la Gréce , débiter gravement en Mufique leurs loix auftères & leurs féveres leçons de morale ; on le pafferoit au plus à Pythagore , comme Inventeur de l'Harmonie & Adorateur du nombre de fept. Peut-on tranquillement entendre Brutus , Caton , Séneque fredonner fur des tons mineurs des Ariettes efféminées ! Céfar , Pompée & Craffus dreffer en Mufique les profcriptions du Triumvirat !

« Nos Tragédies chantantes font, dit

M. Calzabigi, « moins vraisemblables
» que celles des Italiens, en ce qu'ils
» n'admettent rien qui ne soit dans
» l'ordre de la nature, ou de la possi-
» bilité physique ». J'ignore quel avantage il prétend tirer de cette obser-
vation, sinon qu'une vraisemblance
ennuyeuse est préférable à une fiction
amusante, ou, comme l'a fait voir
l'Abbé d'Aubignac, qu'une médiocre
Pièce dans les regles est supérieure à
une bonne qui les franchit. Les Italiens se sont dégagés, comme nous,
de la gênante unité du lieu ; leurs
changements de Décorations nous
mettent au niveau : nos écarts sont
plus frappants ; ils ne quittent pas le
globe : chez eux une étendue limitée
de terrein représente successivement
un Palais, la Mer, une Forêt, un Temple, un Désert ; ne pourrions-nous
pas prétendre, de part & d'autre, d'a-
voir conservé rigoureusement l'unité
du lieu, en assignant la Scêne, eux
sur la Terre, & nous dans l'Univers ?
Faut-il se chicanner pour une aussi petite différence que celle d'un point
de l'espace à l'immensité ?

Quant au défaut de vraisemblance

qu'on nous reproche , il eft aifé de juftifier nos Poëtes en nous tranfportant dans les lieux & dans les tems où les actions & les événements, qui font le fujet de nos Poëmes fabuleux pour notre tems , étoient pour les peuples qui les vénéroient, une vérité de foi.

« Il eft vrai , ajoute M. Calzabigi , » que nos lumieres & nos connoif- » fances font parvenues à un tel de- » gré de perfection , qu'il ne s'agit » plus aujourd'hui que de chercher l'é- » vidence pour la trouver ; le flam- » beau de la raifon nous guide partout! » L'obfcurité étoit naturelle dans les » fiécles de Periclès , d'Alexandre , » d'Augufte, mais pour nous ! . . . . . » Il ne faudroit cependant pas fouiller bien avant dans l'hiftoire de l'Efprit humain pour découvrir encore de nos jours des fources d'illufions & de merveilleux, qui font la critique de l'éducation Françoife & la honte d'un fiécle comme le nôtre, qui fe vante avec tant de fafte d'être fi avancé dans la poftérité : il n'y a plus de Chevaliers Errans ; les épreuves fuperftitieufes de l'eau, du feu & des combats finguliers datent d'un peu loin, à la vérité ; mais

combien croyent encore aux Efprits
& aux Revenants, & affurent avoir
éprouvé leurs révélations ou leurs ma-
léfices ! Combien ajoutent foi aux fonges, aux preftiges, à l'Aftrologie, aux
prétendus effets de la baguette Divi-
natoire, à l'influence des Cometes !
Pafchal fe voyoit toujours prêt à tomber dans un précipice ; Pic de la Mi-
randole mourut pour vérifier fon ho-
rofcope. Combien de grands Perfon-
nages ont la foibleffe de ne fe pas
trouver treize à table, ou de tomber
en fyncope à la vûe d'une faliere ren-
verfée, & mille autres miferes dont
quelquefois même le plus bas peuple eft
exempt! Combien y a-t'il qu'on ne brû-
le plus ces Charlatans, qui ne faifoient
que tourner à leur profit la fotte cré-
dulité des hommes, & qui méritoient
autant la mort que celui qui porta le
premier les Marionnettes en Suiffe !
Que de fecrets, d'amulettes, de phy-
lacteres, de paroles myftérieufes *
qu'on tient aveuglément pour des pré-

* Jules Céfar, pendant fa Dictature, ayant
penfé verfer dans fon char, n'ofoit plus y
monter fans avoir auparavant répété trois fois
un certain Vers qu'il croyoit propre à le pré-
ferver d'un pareil accident.

fervatifs affurés contre toutes fortes d'événements ! Enfin, quels prodiges n'ont pas produits de nos jours, même fur des efprits éclairés, les fauts périlleux de nos Théurgiftes modernes, fous le nom de Convulfionnaires !

On ne choque la vraifemblance qu'en préfentant une fiction pour une vérité. Tout Spectacle eft une illufion de convention, qui amufe l'efprit fans féduire le jugement. C'eft dans l'imitation que l'Art confifte : perfonne n'a jamais imaginé que Mad^lle. Clairon fût Electre, ni Sarrafin Lufignan, quoiqu'il eut été excufable de s'y laiffer tromper ; on peut même affurer que plus l'efprit eft délicat, & plus, en ce cas, il eft la dupe de l'Art. Chacun connoît auffi les limites du pouvoir enchanteur qu'on attribue aux Divinités fabuleufes * ; les Vents, les

---

* On ne doit point être furpris qu'un Italien de beaucoup d'efprit femble pouffer le fcrupule un peu loin fur cette matiere ; il parle le langage de fon pays, où une Tragédie ne peut paffer à l'impreffion fi l'Auteur ne prélude par protefter que ces paroles, *Deftin*, *Idoles*, *Adorer*, *Jupiter*, *& autres Divinités du Paganifme*, font des termes purement Poëtiques, contraires à la faine Morale, qu'il les détefte

Songes, les Fleuves perſonnifiés n'of-
fenſent pas plus la raiſon que les ani-
maux d'Éſope. Leurs paſſions ſont ſur
la terre. C'eſt dans la peinture allégo-

dans le cœur, comme ſoumis au Saint Siége.
C'eſt une eſpece d'excuſe de ce qu'il n'oſe
mettre dans la bouche du pieux Énée les ſentiments d'un Catholique Romain.

Un Phyſicien peut bien aujourd'hui citer
indifféremment Ariſtote ou Deſcartes, & l'exiſ-
tence des Antipodes ; mais il ne peut encore
admettre avec Copernic, & tous les vrais Phi-
loſophes, le mouvement de la Terre, ſans
déclarer authentiquement qu'il regarde cette
vérité comme une pure hypothèſe ; en d'autres termes, qu'il n'ajoute point foi à ce qu'il
croit fermement. C'eſt un ancien Protocole de
ce Tribunal, plus effrayant que terrible en
Italie (n'en déplaiſe à nos aigres Cenſeurs),
qui n'exige de la raiſon, & de la Philoſophie,
qu'une ſoumiſſion extérieure, qui laiſſe paiſi-
blement chacun penſer à ſa maniere, pour lui
ſeul, qui ne punit que le ſcandale, & dont
tout homme de bien reſervé, n'a rien à re-
douter ; mais qui, dans les eſprits timides,
nuit ſenſiblement au progrès des Sciences &
des Lettres.

Si les principes de ce Tribunal avoient toujours été auſſi modérés, le Pape Zacharie n'auroit pas condamné Virgile, ou il l'auroit ab-
ſous. Le célèbre Galilée n'eut pas été per-
ſécuté. Un Concile de Conſtantinople n'eut
pas déclaré la Peinture & la Sculpture des
Arts idolâtres.

rique de ces paſſions que ſe trouve la vraiſemblance. Nous l'avons gardée dans la Tragédie chantante, comme dans la Tragédie déclamée ; & pour prouver que nous avons mieux réuſſi que les Italiens à y jetter l'intérêt, qui en eſt l'ame, jugeons-en par l'effet que produiſent les Drames ſur les différents Spectateurs.

Le Récitatif qu'on peut regarder comme l'eſſence du Drame Italien (puiſqu' l'on en retranche les paroles des Airs lorſqu'on le récite) répand tant d'ennui & de ſéchereſſe dans l'ame de ceux qui y aſſiſtent, qu'ils ſont forcés, ainſi que je vous l'ai fait voir, d'avoir recours à mille moyens étrangers pour s'y dérober. L'attention que nous prêtons au nôtre, malgré ſa langueur & ſa monotonie, prouve que l'action nous affecte autant que la Muſique : pourquoi ? parce que les ſentiments y ſont exprimés, & les paſſions traitées avec autant de vraiſemblance que dans la Tragédie récitée ; que la Muſique même y ajoute des degrés de ſenſibilité. Iphigénie en Tauride a fait verſer autant de pleurs qu'Iphigénie en Aulide. Combien de ſituations

languiroient dans le récit, qui ravif-
fent mifes en action! La chûte de Phaë-
ton, & Ceix enfeveli dans les flots
d'une onde écumante, infpirent plus
de pitié & de terreur que l'infortune
d'Hyppolite dans le récit de Théra-
mene. Les fureurs de Roland dont la
Scêne repréfente les déplorables effets,
touchent & émeuvent bien plus vive-
ment que celles d'Orefte dans Andro-
maque ; Armide & Médée par leurs
enchantements, entraînent fans vio-
lence le Spectateur dans les lieux où la
vengeance & la rage les tranfportent,
& du fein des Mers, l'Ame vole dans
les airs avec autant de rapidité qu'elle
paffe de l'Olympe aux Chants Elifiens.
L'imagination fubjugée par une vive
image de la vérité ne fait nul effort
pour traverfer des efpaces immenfes ;
l'art du Poëte réalife l'illufion. Nous
avons donc le Poëme ; il n'y manque
plus que la Mufique.

Les Poëmes de Metaftafio ont cette
propriété qu'ils fe récitent, & réuffiffent également fans l'appui de la Mufique, avantage pour une Nation où
le Dramatique eft encore au berceau,
difons mieux, à fon Aurore : mais

M. Calzabigi me permettra de lui obferver « que les Airs ont fi peu de con-
» nexion intime avec la Scêne qui les
» précede, ou que ce font des épilo-
» gues qui y font fi peu néceffaires,
» que lorfqu'on récite ces Tragédies,
» on les fupprime toujours. » Il fuffit
de jetter les yeux fur le genre de Poëfie
propre à ces ftrophes ou couplets,
pour reconnoître qu'ils n'ont de liaifon avec les Scênes, que la néceffité
de fournir de l'aliment à la Mufique,
& qu'ils font auffi admirables dans le
Chant, qu'ils feroient déplacés & ridicules dans le récit où ils produi-
roient l'effet d'un Vaudeville décla-
mé, Joint à ce que des comparaifons,
telles que j'en ai citées quelques-unes,
feroient auffi froides & infipides, pour
ne pas dire, rebutantes dans la déclamation, qu'elles font faillantes & ingénieufes dans le Chant. Convenons
donc pour caractérifer chaque Poëme,
que fi les nôtres font Epicodramatiques
ceux des Italiens font Dramaticolyri-
ques ; que les leurs font plus propres
au récit qu'au chant, & qu'ainfi on ne
verra point d'Opéra parfait que lorfqu'ils prendront nos Poëmes, ou que

nous adopterons leur Musique.

Il faut vous dire un mot sur ces voix surprenantes dont notre Théâtre est privé ; c'est la partie la plus brillante de l'Opéra Italien : l'Art aux dépens de la Nature a tiré de son sein des voix qu'elle sembloit nous refuser ; ainsi qu'on fait fructifier un arbre en l'élaguant ; il n'y en a, pour ainsi dire, point de naturelles qui atteignent au degré de légereté, de sonore & d'étendue où celles de certains hommes parviennent par une opération. Quelle étrange bisarrerie de l'esprit humain qui s'oppose en certains climats à l'inoculation dont l'utilité est démontrée pour la conservation de l'espèce humaine ! & dans d'autres se permet des mutilations préjudiciables à l'espece humaine, dans la vûe de contribuer à ses plaisirs * ou à sa sûreté ! Quoi qu'il en soit, un Etranger s'accoutume avec peine en Italie, malgré l'inexprimable plaisir que l'oreille en ressent, à voir les plus grands Personnages représen-

---

* N'est-il pas en effet bien étrange qu'on se permette, pour le seul plaisir des oreilles, ce qu'on blâme Origene d'avoir fait par amour pour la continence ?

tés par ces hommes mutilés. La mâle vertu des Romains perd beaucoup de son énergie dans la bouche d'un Castrato qui par les sons efféminés de sa voix énerve la virilité de l'action. Les violentes passions ne peuvent être que foiblement exprimées par quelqu'un privé dès son enfance du ressort qui les dévelope. Il n'y a point d'effets sans cause ; & l'imagination conçoit plus facilement Pygmalion amoureux d'une Statue, qu'une Statue amoureuse d'un homme. * Un Castrato débite sur le Théâtre les tendres sentiments, comme de belles maximes de morale ou de politique ; & quelque effort qu'il fasse pour composer son visage & ses mouvements, il n'imite jamais le vrai ; ses tons & ses gestes sont toujours faux, parce que la nature ne les dirige pas ; & la Scêne se ressent infailliblement du froid qui lui glace l'organe du sentiment dont il ignore le langage qui ne s'apprend pas.

* A Rome, on n'admet point de femmes sur le Théâtre, leurs Rôles sont remplis par des *Castrati*, qui ont la voix & la figure de femmes ; il n'est pas rare de s'y méprendre.

Si l'expression du sentiment & des passions perd de sa force dans le jeu de ces Acteurs, en revanche on en est bien dédommagé par l'Art avec lequel ils déployent les graces, la finesse, la science & l'énergie du Chant. On essayeroit envain de rendre l'impression que l'ame en reçoit ; il faut les entendre pour la concevoir ; ils prêtent à la composition la plus nerveuse, des traits de feu qui embrâsent tout ce qu'ils frappent. Musiciens parfaits, ils sement de génie dans l'exécution une variété inépuisable ; variété qui est telle qu'à peine reconnoît-on quelquefois à la reprise un Air qui change encore de forme à chaque représentation.

En France, il n'y a qu'une façon de chanter bien, elle est notée dans la plus grande exactitude. Le Chanteur y est asservi au point de ne pouvoir donner l'essor au talent que ces entraves resserrent. Une fatale coutume lui apprend, qu'il ne doit qu'exécuter, imiter, & jamais créer ; né dans cette servitude, il s'y morfond tranquillement. Tel qu'une mélodie différente auroit animé, croit en sçavoir de reste

pour le Théâtre lorsqu'il est en état
de déchifrer un Air, de contrefaire
misérablement le goût de Jeliotte, de
charger de contorsions le noble jeu
de Chaffé : le plus important lui écha-
pe toujours ; la justesse inimitable de
Mademoiselle Fel.

Un Italien au contraire doué d'une
voix *di prima Sfera*, qui connoît l'é-
tendue de la carriere qu'il entreprend
de parcourir, ne se hazarde dans l'a-
rêne que lorsqu'il sçait parfaitement
la Musique, l'accompagnement & la
composition ; qu'il s'est nourri de la
méthode des plus grands modeles, du.
style desquels il projette aussi-tôt de
s'écarter par une maniere nouvelle que
l'exercice perfectionne.

La Musique comme la Peinture est
susceptible de mille manieres qui par-
tent d'un même principe. Raphaël,
Michel-Ange, le Titien & Rubens,
different autant entr'eux dans la Peinture, que Vinci, Pergolese, Leo, &
Pulli dans la Musique pour la composition, & Farinello, Giziello, Caffarello & Elisi dans l'exécution ; mais
ce qui distingue supérieurement ces
derniers de nos meilleurs Musiciens,

c'est cette précision admirable qui caractérise chaque sorte de chant, & qui ne laisse rien à desirer à l'oreille la mieux organisée ; mais qui est presque incompatible avec ce que nous appellons goût & propreté du Chant.

Qu'on y réfléchisse bien, & l'on sera forcé de reconnoître que ces graces & ces prétendus agréments dont la mélodie Françoise est fardée, préoccupent trop le Chanteur, & subvertissent, pour ainsi dire, en lui tout séntiment de mesure : c'est un Peintre de portrait qui néglige la ressemblance pour la draperie.

La mesure cependant est dans la nature, ainsi que la tierce, la quinte & l'octave ; les Sauvages l'observent par instinct dans leurs Chansons. Dans le Chant & les Danses rustiques on en distingue le germe qui ne disparoît ordinairement que lorsque l'Art veut s'y mêler.

En Italie, où l'on exécute plus que l'on ne disserte, l'oreille souvent frappée de Musique, prend dès l'enfance, sans étude, l'habitude de la mesure, & sans s'en appercevoir, ainsi qu'un artisan Florentin parle plus correctement l'Italien , & s'exprime avec plus d'énergie qu'un Prélat Romain , qui se console de sa médiocrité par le foible avantage d'une meilleure prononciation.

Pour vous donner une idée du cas que l'on fait en Italie de la précision , regardée avec raison comme la base & le mobile du Chant, je vous dirai seulement que j'ai vû ici un Chanteur célebre , le même Senesino que j'ai déja cité, accompagné de quatre Musiciens de sa classe * , confus d'avoir essayé trois fois de suite avec une Pendule à secondes d'exécuter , dans un tems égal, un Air qui duroit près de quatorze minutes , & d'avoir employé à la reprise deux secondes de plus , & à la troisieme fois , une de moins qu'à la premiere. N'est-ce pas se désespérer de ne pouvoir saisir le tems présent, qui, à notre foible entendement, tient toujours du passé & de l'avenir ; ou de ne pouvoir mesurer le diametre de la trachée - artere d'un animal microscopique dont vingt mil-

---

* Deux Violons, un Violoncelle, & un Clavecin.

lions ne font pas la groffeur d'une mite ? *

Il feroit fuperflu d'obferver qu'ils ne battoient point la mefure, cela n'ajouteroit rien au mérite de l'opération ; ce mouvement du corps eft un effet de l'habitude, non de la néceffité ; le Muficien ne fentira point la mefure, fi l'oreille ne dirige le pied, la tête ou la main.

Qu'on révoque ce fait en doute, je n'en ferai point furpris ; la précifion eft un phénomene par de-là les monts ; le défaut d'inftruments pour le vérifier peut fervir d'excufe à l'incrédulité. Il y a des peuples en Afrique pour qui il eft auffi impoffible de compter par-delà douze, qu'à nous de nombrer une unité avec foixante zeros. N'avons-nous pas vû les expériences de Newton fur la décompofition du rayon folaire, traitées de vifions par l'Académie des Sciences, parce qu'un de fes Membres les manqua faute de prifmes & de mains pour les bien faire ?

* Lewenhoeek, Nedham, Harwey.

II

Il vous refte fans doute à préfent, Monfieur, à concevoir comment l'Italie peut fournir le nombre confidérable de Muficiens néceffaires pour exécuter des Opéra fur les Théâtres d'Italie & de toute l'Europe ; c'eft ce qu'il faut éclaircir.

Votre furprife augmentera lorfque vous confidérerez que pendant le Carnaval il y a dans l'Italie feule plus de cinquante Opéra, & plus de cent, fi vous y comprenez les *Burlette*, ou Opéra Comiques ; qu'il y a peu de villes un peu peuplées qui n'en ait un; que plufieurs Capitales en ont deux ou plus ; qu'en Tofcane, Etat moins étendu que le Languedoc, j'en ai vû cinq, dont deux à Florence, un à Sienne, un à Pife, & un à Livourne ; & plus de dix Opéra Comiques. Tandis qu'on compte au plus dans toute la France quatre Opéra qui chancelent faute de Sujets ; que des villes confidérables peuvent à peine y foutenir un Concert médiocre.

Qu'on vienne après cela me dire que la France eft Muficienne. Il n'y a jamais eu à l'Opéra de Paris quatre Chanteurs en même tems qui fçuffent

E

la Musique, & quelques-uns d'eux la possédoient, sans entendre la mesure. Depuis long-tems nous n'en avions que deux, dont un qui vient de se retirer ne sera peut-être jamais remplacé. Quelle stérilité en comparaison de cette pépiniere inépuisable qui subvient aux besoins de toute l'Italie, l'Angleterre, l'Espagne, le Portugal, des Cours d'Allemagne & du Nord, & a encore ses corps de réserve.

De tous les Arts qui fleurissoient jadis en Italie, il n'y a plus que la Musique qui y conserve le ton de supériorité sur les autres Nations : on peut dire qu'elle regne despotiquement en Europe, & que l'usage que font de ses trésors, tous les Etats policés, loin de l'énerver, ne fait qu'accroître son Domaine & affermir son Empire : la douceur naturelle, l'accent, le génie de la langue Italienne, & le caractere de sa Poësie, où l'inversion varie la marche du dialogue & de l'expression annoblis par le tutoyement, font autant de parties qui nous manquent, & qui assurent la durée de cette souveraineté.

On m'opposera, sans doute, que

notre langue est douce, je le veux ; qu'elle est sonore, j'y consens ; qu'elle est harmonieuse, cela se peut ; qu'elle fait les délices de tous les Etrangers, j'en conviens : mais en Prose, très-peu en Poësie, & point du tout en Musique. Si nous pouvions emprunter des oreilles étrangeres, peut-être serions-nous bientôt désabusés sur bien des avantages que nous lui prêtons si généreusement * ? Mais pour me renfermer dans ce qui a trait à la Musique, les Italiens soutiennent que notre langue n'y est point propre ; je crois qu'il y a ici de la prévention ; je leur accorderai que jusqu'ici on n'en a pas tiré parti ; mais je me flate qu'avec le tems on parviendra à les détromper : *Rem verba sequantur.*

Les gens sensés parmi les Italiens ne nient pas que nous ayons une Musique ; mais ils prétendent, & je ne les contredirai pas, que ce n'est pas la véritable.

---

* Le fameux Czar, Pierre le Grand, lût plus de Livres François que d'Allemands, pour s'instruire : mais il préféra de parler l'Allemand, dont la prononciation lui parut plus douce que la Françoise.

Ils difent qu'un des vices de notre compofition eft de s'appefantir telle-ment fur certaines fyllabes fur lef-quelles on ne devroit que couler ; que la voix eft comme contrainte de dou-bler une infinité de Lettres ; par exem-ple :

Suivvons l'Ammour c'eftllui qui noummene
Touddoiffentir fonnaimmable ardeur :

Et qu'il n'y a peut-être pas un Acteur à l'Opéra de Paris qui ne tombe plus ou moins dans ce défaut.

Ils nient avec tous les Etrangers que le chant de la Mufette foit de la Mufi-que , & que l'oreille puiffe s'y prêter , fi ce n'eft au défaut d'opium.

Ces ports de voix fi flateurs & ces inflexions fi douces dont nous tirons tant de vanité , leur femblent un épui-fement ou une altération de fons na-turels.

Ces cadences parfaites , fouvent un gargarifme prolongé , trop réiterées dans le Chant , & toujours hors de place dans le Récitatif.

Ils prétendent que le Récitatif mo-derne eft encore moins bon que celui de Lully, & qu'il eſt plus que douteux que celui-ci fut exécuté de ſon tems avec cette lenteur qui commence à en dégoûter les plus zélés partiſans.

Dépouillez-vous un inſtant, diſent-ils, de ce jugement qui n'eſt appuyé que ſur la prévention & l'habitude, & vous conviendrez que le Roſſignol, ni aucun autre animal, dont l'art n'a point corrompu les ſons, ne chante ainſi, pas même le Coucou ; de même que dans leur Dialogue amoureux qui équivaut à tout Récitatif, le plaiſir n'y chante point ſur le ton de la douleur.

Je crois que le plus court moyen de répondre à de pareils reproches, c'eſt moins de les diſcuter que de travailler à les éviter.

Notre Muſique, dira-t-on, eſt moins ſçavante que l'Italienne ; mais elle eſt plus raiſonnée : elle eſt moins brillante ; mais elle eſt plus naturelle. Elle eſt moins . . . . . elle eſt plus . . . . &c. Quelle triſte reſſource que d'avoir recours à des *mais* éternels pour ſoulager en idée une infirmité ou une miſere réelle ! Il me ſemble voir une Coquette diſgraciée de la nature, à qui

E iij

son miroir reproche sans cesse de stériles minauderies ; le cœur à tout instant déchiré par des paralleles mortifians avec une jolie femme qui, sans intrigues, lui enleve ses conquêtes, elle est réduite à se dire douloureusement : Que les hommes sont aveugles & injustes ! Qu'ils ont peu de discernement ! Chloé est peut-être mieux que moi ; mais j'ai plus de graces qu'elle : elle est vive ; mais je suis sensée : on lui donne de l'esprit ; mais ce n'est que du jargon : elle n'a que des propos ; mais j'ai des sentimens, &c. Que de *mais* humilians ne trocqueroit-elle pas contre ces traits, qui persuadent plus que toutes ses réflexions ! Et si, pouvant changer de figure, elle s'obstinoit à ne le pas faire, seroit-ce à tort qu'on la traiteroit d'insensée ?

L'expérience m'apprend que la rose flatte agréablement l'odorat, parce que les particules qui s'en détachent glissent légerement sur l'organe ; mais aussi à la longue il s'affadit. L'œillet, au contraire, & le jasmin y font sans le blesser, une impression plus vive qui fait désirer la continuité de sensation.

Une odeur douce perd toute sa vertu auprès d'une plus vive : je me rappelle combien Issé, qui avoit fait dans son tems les délices de Paris, parut insipide quand on la reprit après Hippolyte & Aricie.

Il y a dans plusieurs villes d'Italie, & sur-tout à Naples, d'excellentes écoles de Musique, d'où l'on voit communément sortir à la fleur de l'âge de grands Sujets, tant pour le Chant que pour la Composition. Le nombre des Musiciens y est si prodigieux, que j'y ai vû, ainsi qu'à Rome, en un même jour dans cinq ou six Eglises différentes, une Musique formée de cinquante, soixante & quatre-vingts Musiciens.

La facilité d'entendre de la Musique presque en naissant, en imprime le goût aux gens de la plus basse condition. Rien n'est si ordinaire que d'entendre le peuple parler & raisonner Musique, chanter en travaillant, & avec oreille, les plus grands Airs, ou des Vaudevilles en Partie. A Venise, c'est du jugement des Gondoliers que dépend quelquefois le succès d'un Opéra. Enfin l'avantage qu'on peut tirer de cet Art, multiplie les Sujets à l'infini.

Il eſt d'uſage parmi les Artiſans qui ont une nombreuſe famille, de deſti-ner dès le berceau un de leurs enfans à la Prêtriſe pour jouir de quelques pri-vileges attachés à cet état. On fait ap-prendre à un autre à jouer de quelque Inſtrument, & ſi une fille a de la figu-re, ou montre du talent, on l'exerce pour le Théâtre.

Si l'on découvre dans un autre un organe ſonore, on tente ſur lui, ſous prétexte de quelque infirmité, une opération qui réuſſit quelquefois, & devient le principe de la fortune de toute une famille : il y en a de nobles en Italie qui n'ont point d'autre ori-gine (c'eſt une autre maniere de par-venir par le Népotiſme) vous n'en ferez point ſurpris quand vous ſçaurez qu'un *Caſtrato* du premier ordre gagne quatre fois plus en deux mois de tems, tant en ſalaire qu'en préſens, que le premier Acteur de l'Opéra de Paris en un an ; que la paie triple & quadruple en Eſpagne*, en Portugal & en An-

---

* Farinello, Napolitain, attaché à la Cour de Madrid depuis plus de vingt-cinq ans, ne

gleterre, & qu'enfin rien n'eſt ſi ordinaire que d'en voir ſe retirer à quarante & cinquante ans dans leur patrie
avec vingt, vingt-cinq & trente mille
livres de rente. Ils peuvent ſe paſſer,
comme vous voyez, de la meſquine
penſion que l'on accorde en France
aux Invalides du Théâtre.

Le défaut de moyens empêche ſouvent en France quelques enfans d'embraſſer une profeſſion à laquelle ils ſeroient propres, principalement à la
Muſique : en Italie, on ſupplée de di-
verſes manieres à cet inconvénient.
Il y a dans toutes les villes des Maîtres qui cultivent *gratis* ce talent
moyennant un contrat en bonne forme avec leurs Eleves, qui s'engagent
à un certain âge, & pendant un nombre d'années de partager le profit que
l'Art leur procurera, expédient qui
contribue beaucoup à la multiplica-
tion des Sujets.

Mais à Naples, les moyens ſont bien
plus abondans. Il y a quatre maiſons
ou eſpeces de Colléges appellés *Con-
ſervatori*, dans chacune deſquelles il

changeroit pas ſon ſort avec celui d'un Fer-
mier Général.

y a un grand nombre de bourses pour des pauvres enfans, ou orphelins, destinés à la Musique : on leur en donne dès la plus tendre enfance les premiers principes. Il y a deux Maîtres, dont le premier, choisi parmi les plus célèbres Compositeurs, donne trois leçons par semaine. L'Adjoint, d'une capacité reconnue, les répete, & enseigne les autres jours. Ces places sont briguées par les Musiciens du premier ordre, parce qu'outre l'honoraire qui y est attaché, elles sont la preuve d'un mérite supérieur. Il y a aussi de bons Maîtres pour toutes les sortes d'Instrumens propres dans un Concert.

On prend dans ces Colléges, moyennant une somme modique, des Pensionnaires qui, outre le Latin qu'ils y apprennent, participent aux mêmes études ; il y en a quelquefois jusqu'à cinq cens. Les parens qui peuvent donner cette légere pension se soulagent de l'éducation de leurs enfans, qui sortant de-là avec un talent, cessent de leur être à charge, & parviennent quelquefois à faire subsister une famille entiere.

Après les Elémens de Musique vocale, chacun de ces Ecoliers choisit l'instrument pour lequel il se sent le plus de goût ou de disposition *.

Lorsqu'ils sont un peu avancés, dans certains jours de la semaine désignés, on leur fait exécuter tous ensemble les meilleurs morceaux de Musique connus, & le soin principal des Maîtres est de les accoutumer à une mesure & une justesse rigoureuses, ce qui produit, sinon tous Musiciens du premier ordre, du moins tous Musiciens forts pour l'exécution.

Elevés ainsi dès la plus tendre jeunesse dans la pratique d'un Art agréable qui leur assure au moins le nécessaire pour toute leur vie, l'émulation porte la plûpart d'entr'eux à s'y distinguer ; aussi n'est-il pas rare de voir sortir de ces Maisons de grands Musiciens à dix ans, & à quinze d'excellens Compositeurs. Ces Ecoles ont été le berceau de ce que l'Italie a produit de plus grands Hommes dans le

* Il seroit à désirer que dans le choix d'un état que font les parens pour les enfans, ils écoutassent plus la voix de l'instinct que leur prudence ; il y auroit moins de talens déplacés ou enfouis.

Chant, les Inftrumens & la Compoñ-
ñtion *.

Lorfqu'une Eglife ou une Commu-
nauté veulent fe donner une Muñque
(Spectacle très-fréquent en Italie),
on écrit au Directeur un billet, par lequel on lui demande vingt, trente ou
plus de ces enfans, moyennant un
prix médiocre & connu, qui tourne
au profit de la Maifon, contribue à
fon foutien, & multiplie les occañons
d'entendre la Muñque.

Les *Confervatori* de Venife font des
Maifons Religieufes où l'on éleve des
filles à la Muñque, comme les *Men-*
dicanti, la *Pietà* ; on y entend des
Muñques raviffantes les jours de fêtes,
des Voix enchantées, un Orcheftre
admirable compofé de filles feulement, jufqu'aux trompettes & aux
cors de chaffe, ñngularité qui n'a point
d'exemple en France.

Ce détail peut être confidéré comme l'ébauche d'un projet dont l'exécution ne feroit point à négliger en

---

* Pergolefe, le Raphaël de la Muñque,
avoit, dit-on, à l'âge de feize ans compofé
des Opéra qu'on conferve précieufement, &
dont on regrette tous les jours le ftyle.

France pour la propagation d'un Art généralement plus connu par son agrément, que par son utilité.

Nos Hôpitaux de la Trinité, des Enfans-Rouges, &c. ont déja le nécessaire pour l'entretien & l'éducation des enfans qu'on y reçoit ; il ne s'agiroit plus que d'y fonder des Maîtres de Musique, dont il ne seroit pas indifférent qu'il y en eût un Italien, afin que les Eleves instruits de la maniere de chanter & de composer des Italiens, sans être obsédés de principes exclusifs, pûssent se former un goût, & enrichir leurs productions de ce qu'on peut allier de la Musique Italienne à la nôtre.

L'Académie Royale de Musique seroit même intéressée pour l'avantage & le progrès de la Musique vocale, à faire les frais peu onéreux d'un pareil Etablissement, dont elle recueilleroit les fruits par les grands Sujets qu'elle en pourroit tirer, qui faute de culture, périssent avant que de naître.

Ces pauvres enfans acquéreroient un talent plus lucratif que celui que peut leur procurer tout Art méchanique,

La Musique devenue moins couteu-
se seroit par conséquent plus répan-
due.

Les Eglises, les Communautés, les
Corps d'Arts & Métiers, se donneroient des Musiques plus fréquemment,
& les Particuliers des Concerts, par
la facilité d'avoir de ces enfans, dont
le travail rendroit plus aux Hôpitaux,
que le triste & lugubre talent de porter un flambeau aux enterremens.

Il sortiroit en peu d'années de ces
Maisons des Maîtres habiles, qui en-
seigneroient dans Paris à un prix qui
mettroit le Bourgeois en état de donner cette éducation à ses enfans, sans
s'incommoder.

On ne risqueroit rien de rendre
considérable cet Etablissement, dont
le but est d'assurer un état honnête à
de pauvres orphelins, puisqu'il pourroit fournir dans la suite des Musiciens
à toute la France. On voit toujours
avec peine comment les Concerts de
Province sont montés faute de Sujets,
& combien les Cathédrales ont de
difficulté à en acquérir de passables.

Le même Etablissement pourroit
avoir lieu dans les Hôpitaux de filles,

en faifant un choix de celles en qui on découvriroit d'heureufes difpofitions pour la Voix & les Inftrumens ; il produiroit une pépiniere de Maîtreffes de Mufique pour les Communautés Religieufes qui prennent des Penfionnaires, qui pourroient même dans l'intérieur de leurs Monafteres donner des Concerts fpirituels, & des Mufiques dans des jours folemnels, fans y admettre d'hommes.

Ce feroit de plus une profeffion qui tiendroit lieu de dot à celles qui feroient appellées à l'état Monaftique ; pour les autres, un préfervatif contre la mifere, & une fubfiftance pour vivre honnêtement, que ne procurent pas l'aiguille & le fufeau ; & fi par hazard il s'en détachoit quelqu'une pour le Théâtre, l'inconvénient feroit encore moins fâcheux que le déplorable état où les précipite plus fouvent le défaut de talens, que le penchant au libertinage ; d'ailleurs, nous avons plus d'un exemple qui prouve que la qualité d'Actrice n'eft pas incompatible avec la vertu.

On pourroit ajouter fans doute à ces obfervations bien d'autres avantages qui résulteroient de ce projet s'il étoit mis à exécution ; mais tout simple qu'il est , il aura vraisemblablement le sort de bien d'autres plus utiles encore , d'être légerement examiné , foiblement discuté , approuvé d'intention , & de rester sur le bureau jusqu'à ce que quelque citoyen zélé pour le bien public , & conduit par un esprit de charité , préleve sur son superflu de quoi effectuer le projet , en attendant j'aurai la secrette satisfaction d'en avoir fourni l'idée.

Malgré le nombre prodigieux de Sujets qu'on éleve en Italie pour le Théâtre , soit pour le Chant , soit pour la Danse , l'espece manqueroit encore , eu égard à la quantité d'Opéra qu'on met sur pied par toute l'Europe dans la même saison , si l'Opéra Italien exigeoit un nombre d'Acteurs aussi considérable que le nôtre : mais heureusement son plan prévient la disette qui naîtroit infailliblement d'une profusion excessive. Cette considération est sans doute l'esprit de la loi qui a sagement limité le nombre d'acteurs à six ou sept au plus , au moyen de quoi , loin que la source tarisse , il y en

a toujours de prêts & d'oisifs au be-
soin.

Vous avez, Monsieur, un goût si
décidé pour les détails, lorsque vous
espérez d'y trouver quelque singularité, que vous vous plaindriez sans doute, malgré la longueur de cette lettre,
si je la terminois sans vous donner une
idée des mœurs & du caractere des
femmes de Théâtre en Italie ; ainsi
que de l'opinion qu'on y a de leur
état, dont les prérogatives semblables, à quelques égards, à celles de
nos Actrices, ont, à d'autres, bien plus
d'étendue : j'aime mieux prévenir le
reproche que de l'essuyer.

Entre la Noblesse & la Bourgeoisie,
il y a, pour ainsi dire, un état mixte
qui forme un corps isolé, & dont le
nombre est très - considérable ; c'est
celui des femmes du monde, sous le
titre générique de Musiciennes. Autant la condition de femme entrete-
nue est ignoble sans ce titre, autant
elle est considérée lorsque elle en est
décorée. La route qui conduit à l'illus-
tration dans tout autre état, est souvent jonchée de ronces ; celle-ci est
parsemée de fleurs.

Dès qu'une fille se sent ce mérite qui mene à la fortune ou à l'aisance par la douce voie des plaisirs, elle apprend la Musique & chante une fois, tant bien que mal sur le Théâtre, ou si elle n'a point de voix, elle se met en état de faire quelques pas dans un Ballet. Elle usurpe aussi-tôt le titre de Virtuose, & elle est aggrégée dans le corps des Musiciennes ; sa Patente la met à l'abri des censures du gouvernement & de la médisance du public ; elle siége sous ce titre respectable parmi les femmes commodes ; elle acquiert le droit inaliénable de donner une libre carriere à ses goûts & à ses passions. Un Clavecin qu'elle a soin de placer chez elle au rang des meubles de parade, la met en état de recevoir décemment & indistinctement toutes sortes de personnes, de tout rang ; de s'habiller d'une maniere aussi immodeste que superbe, & de mener une vie scandaleuse, sans causer de scandale. L'état d'opulence est réputé bénéfice de Théâtre. Les hommes peuvent les fréquenter publiquement, ainsi qu'autrefois à Corinthe & à Athênes, sans commettre leur caractere ni leur dignité. Enfin pourvû qu'elles aillent régulierement aux Quarante-Heures *, qu'elles entendent plufieurs Meffes, qu'elles s'approchent fouvent des Sacremens, le Clergé perd fon droit d'infpection fur leur conduite ; tandis qu'on perfécute avec rigueur celles qui moins effrontées, n'ofant prendre le Public pour témoin de leurs foibleffes ou de leurs défordres, conduifent avec tout le myftere poffible leurs petites intrigues.

Florence fournit un grand nombre de ces Muficiennes. Celles qui joignent aux avantages qu'elles ont reçûs de la nature, le talent de la voix ou de la danfe, menent une vie tout-à-fait finguliere. Elles vont tous les ans chanter ou danfer dans les Opéra en diverfes villes d'Italie ou d'Allemagne, où elles trouvent d'abord des perfonnes généreufes qui prennent foin d'elles, que la fubtilité d'efprit Italienne honore du fpécieux nom de protecteurs. L'Opéra, fini elles y

---

* Les Quarante heures font l'Adoration perpétuelle qui paffe d'une Eglife à une autre pendant toute l'année : elle dure quarante heures. Il y a toujours un grand concours.

reftent trois, quatre, fix mois, quelquefois jufques au Carnaval fuivant, qu'elles vont exercer leur profeffion dans une autre ville avec des lettres de credit qui paffent de protecteurs en protecteurs : *Ubi bene, ibi patria.* Les plus accréditées font plufieurs années fans revenir chez elles, & ne rejoignent leurs Dieux Pénates qu'après avoir vû Madrid, Londres & Peterfbourg. Alger en a quelquefois fait fes délices. Il n'eft pas impoffible qu'après avoir mis toute l'Europe à contribution, à la réferve d'une petite portion où la réfiftance agonife, l'Italie ne compte un jour parmi fes Vaffaux Conftantinople, Hifpahan, Pekin, Dely, Yendo & Lima : ce feroit réalifer le projet chimérique de la Monarchie univerfelle, à laquelle les modes Françoifes font bien éloignées de prétendre.

Il faut, pour rendre juftice à la vérité, convenir que fi parmi les Actrices Françoifes il s'en trouve quelquefois qui par leur conduite & leurs fentimens s'attirent l'eftime des honnêtes gens, ce phénomene peu commun en France n'eft pas rare en Italie. Rien n'eft fi ordinaire que de voir les Muficiennes s'en tenir à leurs protecteurs, & même emporter leurs regrets, lorfque leur profeſſion les appelle ailleurs. Cela revient affez à ces mariages que les Etrangers, dans les Iſles de l'Archipel, contractent folemnellement pour un tems limité. Elles prennent la plûpart le parti du Théâtre plus par état que par débauche, enforte qu'on pourroit dire qu'elles ont des mœurs, s'il y avoit des mœurs fans vertu, ou de la vertu fans combat, puifque le tempérament en général agit fi foiblement fur elles, malgré l'influence du climat, qu'il eft toujours fubordonné à l'intérêt qui refrene apparemment plus que la morale les défordres de l'efprit. Quoi qu'il en foit, dans l'état actuel de corruption, où un moindre mal eft fouvent confidéré comme un bien, on peut dire, relativement à ce qui fe paffe en d'autres contrées, qu'elles font fages ou du-moins raifonnables, & affurer qu'elles tirent décemment parti de l'état où la fortune les a placées. La qualité de femme de Théâtre a pour les hommes un certain charme qui les féduit. En

effet, ceux qui ont un goût, soit moral,
soit physique, déterminé pour la variété, peuvent le satisfaire sans quit-
ter leurs foyers. Ils passent successivement en revûe toutes les Chanteuses
& les Danseuses de l'Italie. Les divers
rôles que représentent ces femmes
sont autant de différens personnages
avec lesquels on croit être en intri-
gue. Sylvie vous avoit inspiré une vio-
lente passion; vos desirs satisfaits pres-
qu'aussi-tôt que formés , & éteints
presque aussi-tôt que satisfaits, se ressen-
tent bientôt de la langueur & de l'ennui ; il ne lui manque que d'être Mu-
sicienne pour en rappeller l'ardeur,
vous ne verriez plus cette éternelle
Sylvie, vous goûteriez l'attrait nouveau , sans changer d'objet , d'aimer
successivement en elle Cléopâtre ,
Laïs, Angelique, Psiché, Campaspe,
une Amazone.

Celles qui n'ont qu'un mérite théâ-
tral, c'est-à-dire, celles que la nature
n'a pas favorisées, ou qui n'ont plus
cette fleur de jeunesse si attrayante,
ont soin de mener avec elles pour les
servir, ou par forme de compagnie,
des sœurs ou des niéces vraies ou pré-

tendues, mais jeunes & jolies, qui attirent chez elles les protecteurs, qui
ne s'amuferoient pas de la feule con-
verfation que les premieres foutien-
nent avec cet air libre & enjoué, ap-
pannage des femmes de Théâtre. Ce
qu'il y a d'extrêmement fingulier, c'eft
que ces jeunes perfonnes dirigées
avec art reçoivent les hommages de
gens formés, tandis que les autres
ont une cour compofée de l'élite de
la jeuneffe la plus brillante. Un manége confommé leur tient lieu d'appas.
Les jeunes gens pleins de vanité &
d'amour propre, mettent leur gloire à
vaincre des obftacles qu'on fçait adroi-
tement leur oppofer, & font par une
erreur des fens, le facrifice d'un plaifir
réel, à une volupté imaginaire *. Le
commerce de ces Sirennes furannées
eft ordinairement leur noviciat dans
le monde ; après quoi un goût plus

* La Tefi, auffi grande Actrice en fon genre
que feue Mademoifelle le Couvreur, & d'une
extraction auffi peu relevée, par un charme
fecret qu'elle poffédoit encore à fon neuviéme
luftre, fe vantoit, avec vérité, d'avoir fait
tomber à fes pieds tous ceux qui avoient eu
la témérité de la trouver laide : elle comptoit
parmi fes efclaves plufieurs Souverains.

épuré les rend courtisans des niéces.
On en revient toujours à la belle nature. L'expérience seule nous découvre ce qu'elle a de sublime. A quinze
ans on tient pour Cinna, le Cid, Ro-
dogune & Polieucte ; à vingt-cinq on
se rend sans effort à Britannicus, Iphigénie, Phédre & Athalie. Le grand
frappe d'abord ; le vrai nous arrête
pour toujours.

Comme je me suis expliqué au com-
mencement de cette Lettre, sur ce
qu'on doit entendre par Musique Italienne & Musique Françoise, qui n'est
autre chose que la différente maniere
de chaque nation de peindre en chant
les sentimens & les passions, dont
l'expression ainsi que la source, est
dans la nature ; je terminerai cette
Analyse de l'Opéra Italien par con-
clurre qu'on ne parviendra jamais à
former un Spectacle de Musique parfait,
qu'en conservant le plan de notre
Drame, à quelques changemens près ;
comme de couper le Récitatif par des
airs détachés, de composer les paroles sur la forme des Strophes Italien-
nes, de dialoguer les Duo, de faire
un usage moins fréquent des Chœurs,
&c.

&c. & en abandonnant notre Mufique dont je fuis bien éloigné de nier l'exiftence, mais que je foutiens n'être pas la véritable ; qu'on doit effayer d'adapter la Mufique Italienne à notre Langue, fauf à en bannir les rimes féminines, jufqu'à ce que l'expérience en ait démontré l'impoffibilité : ne défefpérons de rien ; il y a trente ans qu'on ne croyoit pas notre idiome fufceptible d'un Poëme Epique.

Lulli nous tranfmit la Mufique telle qu'elle exiftoit alors en Italie, qu'il appropria à notre Langue, autant qu'il lui fut poffible ; il commença par foulever les efprits, qui finirent par l'admirer.

Hippolyte & Aricie, époque de la feconde révolution, éprouva le même fort.

Deux exemples dignes d'encourager les génies que nous poffédons, à lever l'étendart de la troifiéme ; jamais les circonftances ne furent plus favorables pour une pareille entreprife : ferions-nous affez indifférens pour la gloire, lorfque les forces ne nous manquent pas, pour perdre courage au milieu de la carriere !

F.

Nos voisins ont marché à pas de géant dans une route dont nous ne connoissons encore que quelques sentiers. Notre destin est de suivre lentement les Italiens dans tous les Arts. Nous les avons atteints dans la Musique Instrumentale ; franchissons la barriere pour nous approprier encore la Vocale ; & si nous parvenons à naturaliser leurs richesses , nous pourrons nous flatter de surpasser nos Maîtres par un mêlange raisonné de notre Poëme avec leur Musique , & d'avoir , je le répéte , sur toutes les autres nations de l'Europe , l'avantage d'un OPERA NATIONAL.

J'ai l'honneur d'être,

MONSIEUR,

Votre très-humble
serviteur D***.

Florence le 1. Mars 1756.

www.ingramcontent.com/pod-product-compliance
Lightning Source LLC
Chambersburg PA
CBHW071603220526
45469CB00003B/1108